U0112513

后浪出版公司

如何管理 10人以下 小团队

谷歌核心团队 实现10倍速成长的高绩效秘诀

[波] 彼得·费利克斯·格日瓦奇 著

程雨枫 译

广东旅游出版社
GUANGDONG TRAVEL & TOURISM PRESS

中国·广州

前　言
你也能打造出媲美谷歌的最强团队

"你的这些方法都是只有在谷歌那样的公司才能实现的吧?"

我作为管理顾问为日本企业的管理者提供建议时，他们常会一脸困惑地这样问我。

我总是当即否定。

"不，这些方法其实很简单，在任何公司都可以做到！除了谷歌之外，还有很多业绩出众的日本企业也采用了这些方法，而且现在还在用。"

虽然这本书的主要内容是我在谷歌学到的打造全球最强团队的管理方法，但正如我反复强调的，这些方法并非谷歌所独有，在其他企业同样可以见效。

管理团队的很多基本原理是全球通用的，其中最重要的

一点是员工的安全感。谷歌当然也很重视员工安全感，并且通过"亚里士多德计划"证明了安全感的重要性。该计划受到广泛关注，相信很多读者也曾有所耳闻，具体内容在第 1 章还会详细介绍。

安全感是指员工既能发挥自己的独特风格，又能参与团队协作的感受。任何人都渴望作为团队的一分子得到认可，简单来说，团队管理者要做的就是重视成员的这种感受。实际上，所有业绩出众的团队都会将成员的安全感视为重中之重。

CyberAgent 公司 ① 创始人藤田晋是日本最具代表性的创业者之一。他在《创业者》一书中提及自己创业的第 5 年，也就是 2003 年时，写下了这样一段话：

> 我提出了一项与时代潮流背道而驰的方针，即力争实现终身雇用制。这个目标为我们这家原本随时都有可能消亡的公司带来了各种各样的观念转变。
>
> （中略）
>
> 从那时起，CyberAgent 开始盈利，公司看到了希

---

① CyberAgent：日本一家从事媒体、游戏、互联网广告等业务的互联网公司。——译者注

望，逐渐恢复了当初那种积极活跃的氛围。

　　正是"力争实现终身雇用制""为工作多年的员工提供奖励"等方针深深地打动了员工们的心。

　　我们暂时不去讨论终身雇用制是否适合当今时代这个问题，至少从文中不难看出，"力争实现终身雇用制"的方针提升了员工的安全感。书中还提到，鼓励团队聚餐的方法也卓有成效，公司每个月都会给完成目标的部门发放经费，并批准聚餐次日可以休息半天。

　　这些做法使 CyberAgent 的核心理念更加深入人心，团队凝聚力不断增强，为这家初创企业日后的飞跃发展奠定了基础。

＊　　＊　　＊

　　那么，如何才能提升成员的安全感，并将其转化为团队的成果呢？第 1 章将详细介绍这个问题。

　　我们先来看图表 1。这是世界顶级战略管理学大师加里·哈默提出的"能力金字塔"模型。哈默在《终极竞争：占领赢得未来的制高点》(*What Matters Now*) 一书中写过这样一段话：

　　成功依赖于企业激发所有员工积极性、想象力和热情的能力。只有所有员工全身心地与他们的工作、他们的公司和公司的使命联结在一起，才能实现这一点。

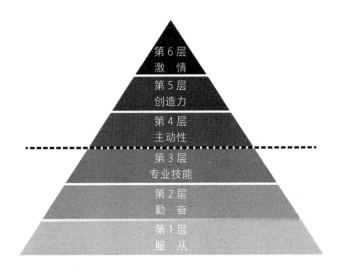

图表 1　能力金字塔

来源：根据加里·哈默著《终极竞争：占领赢得未来的制高点》制作。

　　本书的目标是帮助管理者将团队成员的能力提升到第 4~6 层，即通过增强安全感，激发成员的主动性、创造力和激情。在缺乏安全感的环境中，成员的能力只能发挥到第 1 或第 2 层，最多不会超过第 3 层，这样的团队迟早会走向失败。

　　瑞可利集团（Recruit）下属的就业未来研究所面向 2018 年毕业生实施了一项关于"理想的工作单位"的调查，其结果显示，41% 的受访者希望公司能通过调岗、分配等形式为员工提供职业成长的机会。由此可以看出，近四成受访者把自己的职业规划寄托在公司身上。不过这个结果也可以理解为，上司（管理者）推动新员工（团队成员）发挥主动性、创造力和激情的重要性正在与日俱增。

　　接下来，从第 1 章开始，我将先介绍一些全球通用的团队管理法则。

　　衷心希望大家能根据本书介绍的线索，打造出独一无二的"最强团队"。

目　录

第 1 章

全球通用的 10 人以下小团队

管理法则

➡ 优异业绩离不开集体智慧

在美国商业杂志《财富》每年评选的最适宜工作的 100 家公司中，谷歌曾多次名列第一（2017 年、2016 年、2015 年、2014 年等）。这家公司究竟什么地方这么吸引人呢？

是免费的员工餐厅、按摩室，或者是因为福利待遇好吗？应该都不是。那么是因为有自由的思考空间，可以尽情发挥个人能力吗？可能很多人都对谷歌持有这样的印象。

我曾在谷歌担任亚太地区的人才培训主管，参与制定国际化人才培养战略，从我的实际感受来看，应该也不是因为这一点。

◆ 谷歌的最大魅力其实是重视团队

如今，在全球商业的最前线，越来越多的人开始重视和反思团队管理的重要意义。为什么会出现这种趋势呢？

因为要想在当下日新月异的竞争中取得卓越成绩，富含多样性的集体智慧必不可少。

其背后的道理显而易见。一个人能做到的事情终归有限，从两个人增加到 3 个人，从 3 个人增加到 4 个人，做出成果的可能性会越来越大。集体智慧不是单纯的加法，而是乘法，能带来指数级增长。

要产生超乎寻常的协同效应，必须靠团队的集体智慧去思考和行动。**统领团队的管理者的作用至关重要**，这在谷歌也不例外。

◆ 优秀的团队不需要管理者吗

相信很多人会有这样的疑问：既然有如此优秀的人才，为什么还要管理者？搞团队合作还不如大家各干各的吧？

其实谷歌内部也曾有人提出过这种观点，而且最坚决的支持者不是别人，正是创始人拉里·佩奇和谢尔盖·布林。他们曾经质疑："团队不需要管理者吧？你看，我们的员工个个都是斯坦福等名校毕业，头脑极为聪明，价值观也很端正，即使没有管理者，他们自己也能无往不胜。管理者除了花费成本，还能起到什么作用呢？"

人力部门负责人被这番话吓了一跳："不，管理者的作用是不可替代的，他们维系着团队的运转！"

"是这样吗？有科学依据吗？"

凡事都要有依据，追本溯源，这就是谷歌的企业文化。

谷歌作为一家互联网企业，拥有博士学位的员工所占的比例据说在全球居首位，比美国航空航天局还高，所以有这样的企业文化也是在情理之中的。在这里工作的人都很像学者，或者说基本都是学者，他们拥有旺盛的求知欲，讨论任何问题，都要拿证据说话，主张靠毅力和坚持取胜的论调在谷歌是根本行不通的。

就这样，谷歌在 2009 年就管理者职责和工作内容实施了一项内部调查，规模涉及 1 万人，这就是"氧气计划（Project Oxygen）"。

◆ 管理者对团队业绩影响最大

谷歌有很多成果丰硕的团队，当然也有战绩平平的团队。

同样都是优秀的员工，为什么会出现这么大的差距？例如有一种很常见的情况是有的员工在某个团队取得了很多成果，调到另一个团队后却表现不佳。这是为什么呢？人力部门一向重视管理者的作用，他们猜测问题出在统率团队的管理者身上。

调查的初步结果证实了人力部门的假设：对团队成员的业绩影响最大的是管理者的言行。

"是这样啊。那么就请你们再多提出一些依据，以便今后培养和聘用管理者时遵循。"这是拉里·佩奇和谢尔盖·布林得知上述结论之后提出的要求（这也是他们的过人之处，在科学依据面前果断放弃自己的预判和偏见，立即调整方针）。于是，谷歌又实施了进一步调查，分析那些业绩斐然的团队管理者都做了哪些工作。

➡ 卓越管理者的 8 项特质

经过氧气计划的调查分析，谷歌发现能够提升团队业绩的管理者大都具备以下 8 项特质：

① 当一个好教练

② 鼓舞团队，杜绝微观管理（过度监督和干预团队成员）

③ 高度关注成员的健康和工作成果

④ 注重产出，坚持绩效主义

⑤ 做团队里的倾听者，积极与成员沟通

⑥ 帮助成员进行职业规划

⑦ 为团队制定清晰的前景和战略

⑧ 拥有专业知识和技术，能为成员提供建议

◆ "当好教练" 最重要

在以上 8 项特质中，最重要的是①"当一个好教练"。为成员提供指导（coaching）是团队管理的基础内容，也是管

理者必备的条件。反过来说，当不好教练的管理者就算满足
第②~⑧项，也很难提升团队业绩。

这里所说的教练，不是命令下属具体去做这项或那项工
作，而是类似以下内容的沟通："最近感觉怎么样？我今天想
找点时间和你聊一聊。咱们一起回顾一下，看看哪些工作做
得比较好，还有哪些工作需要再加把劲。"

"是这样啊。这项工作都进展得十分顺利，你做得很棒！那
么咱们来总结一下原因，你认为为什么会进展得这么顺利呢？"

通过上述问答，让下属对自己的工作有一个更好的认知，
这就是教练的目的。指导时可以参考著名的 GROW 模型决定
提问的基本内容：

・G（Goal, 目标）……"你的愿望是什么，想达到哪些
目标？""你对哪些工作感兴趣？""你如何定义成功？""这对
你来说有多重要？"

・R（Reality, 现状）……"目前进展如何？""你的同事
怎么看待这个情况？""你现在面临哪些困难？""你认为现在
得到哪些资源有助于实现目标？"

・O（Option，解决方案）……"假如没有眼前的困难，
你会怎么做？""你最信任、最尊敬的人面临同样的困境会怎

么做?""假如接下来你要学习实现目标所需的技能，你最先能做什么?"

·W（Will，行动计划）……"（从今天起）你打算怎么做?""假设满分是 10 分，你现在做到了几分?""从什么时候开始做?""你需要克服哪些困难? 怎样克服它们?"

很多人以为教练辅导只是针对个人的，其实管理者当然也可以为团队提供教练。

管理者可以在全体成员都在场时向大家提问，如："我们有哪些强项? 弱项是什么?""团队的目标实现百分之多少了? 今后大家希望这个团队如何发展?"

这些问题可以推动成员之间进行沟通和讨论，并在此过程中加深整个团队的自我认知。

当然，针对团队层面的教练必须建立在管理者与成员一对一教练的基础上才能成立。

毋庸置疑，教练是团队管理中不可或缺的核心课题。后文还将反复介绍与教练相关的内容。

➡ 工作团队就像运动团队

除了氧气计划之外，2012 年谷歌还针对团队管理实施了另一项调查分析，即"亚里士多德计划（Project Aristotle）"，该计划的目的是研究高效率团队具有哪些特征。

此项调查以 115 个工程师团队和 65 个销售团队为对象，**对高效率团队和效率较低的团队加以比较，从多个方面分析了二者之间的差异。**

具体的方法包括对团队成员实施性格测试，进行包括男女比例等问题在内的多样性调查，直接采访团队管理者等。

此外，项目还从团体动力学（决定成员行为特征的各种法则和因素）、技能组合（即成员的知识技术）和情商等方面也做了分析调查。

调查过程中，团队成员会被问到各种问题，如"当你不赞成某件事时，你所在的团队氛围能允许你提出反对意见吗？""在遇到瓶颈（阻碍）时，你能顺利取得突破吗？""你认为自己是一名值得信赖的员工吗？""你对其他人有兴趣吗？"等。

◆ 如何评价团队效率？

通过亚里士多德计划，谷歌发现了哪些提高团队效率的必要条件呢？在介绍结论之前，我先简要地归纳一下我自己对团队和效率的理解。

说起公司里的团队，大家会联想到什么？可能有人会把团队看作一个家庭，不过**在我看来，工作中的团队更像一个运动团队**。

在家庭里，即使孩子不想去上学，母亲也仍然是爱他的。但运动团队不同，谁都不想要在训练和比赛中偷懒的人，也不需要因骨折而无法上场的人。公司的团队亦是如此，没有人愿意要偷懒或者无能的人。从这个角度来看，工作团队与运动团队非常相似。

按照谷歌的定义，团队不单纯是员工一起工作的集体，而是拥有目的性和战略性、能够长期保持共同行动的集体。在团队中，成员们需要共同规划，一起解决问题，定期回顾和反省自己的工作情况。与家庭相比，更像是一个运动团队。

接下来我再总结一下如何评价团队的效率。

谷歌讨论这个问题时一般使用"有效性（Effectiveness）"这个词，而不是效率，不过二者本质上都是指业绩。

讨论业绩时，我们必须明确一个前提：业绩最终是指"高层经营者的评价"。团队管理者在工作中往往很容易忽略这个视角。

实际上，很多管理者没有意识到经营者是如何评价自己的，他们只关心位于自己上一级的领导，即直属上司的评价。

管理者不能只是从个人层面出发，去揣摩上司如何看待自己的团队，而是必须与直属上司一起，思考公司的高层经营者是如何评价这个团队的。

总而言之，评价一个团队的效率，要看它是否取得了高层经营者期望的业绩。例如最通俗易懂的指标就是销售部门的业绩要看每个季度的销售额、销售量目标的完成情况等。

➡ 好团队少不了安全感

下面介绍高效率团队的特征，主要包括以下 5 项：

① 团队成员拥有"安全感"（Psychological Safety）

② 成员认为团队具有"可靠性"（Dependability）

③ 团队"结构清晰"（Structure Clarity）

④ 团队的工作"有意义"（Meaning）

⑤ 成员认为团队的工作能对社会带来"影响"（Impact）

以上 5 项团队管理的核心要素，便是亚里士多德计划得出的结论。

其中②"可靠性"和③"结构清晰"可能不太好理解，这里所说的"可靠性"指成员相信自己所在团队能在规定时间内取得优异业绩，"结构清晰"则是指团队内部分工明确，有清晰的目标和实现目标所需的计划。

在这 5 项特征当中，最重要的是①"安全感"。

◆ 有了安全感才能认知、展示和表达自我

　　所谓安全感，简单地说，就是指团队中的每个成员都能在工作中毫无顾虑地保持自己风格的状态。在工作中保持自己的风格即能做到认知自我、展示自我和表达自我。也就是说，能放心说真话的团队才是拥有安全感的团队。这是后面其他 4 项特征的基础。

　　反过来说，没有安全感，成员就无法信任团队，那么即便拥有明确的目标、计划和分工，成员也无法看到工作的意义，更不会去思考自己的工作对社会的影响。

　　成员无法在团队工作中保持自己的风格，就得不到其他成员的信赖，他自己也不敢信赖其他成员，会导致整个团队缺少信赖关系。

　　比如，假设有两名成员分担同一项工作，在彼此不够信任的情况下，即使一个人表示"好的，我来负责这个部分"，另一个人也很容易出于微妙的心理状态产生"那家伙会不会搞一些暗箱操作啊?""他该不会给我使绊子吧?"等主观臆测。由这样的成员组成团队，效率自然不会高。

　　相反，如果团队拥有足够的安全感，成员之间就会彼此信赖、相互尊重，每名成员的工作规划和分工也会十分明晰。在这种情况下，成员更容易看到工作的意义，他们可以互相

勉励，如"大家一起做出更好的成绩""大干一场""去做有意义的事"等，也给社会带来正面影响。这样的团队才能成为高效率团队。

前面介绍，氧气计划发现了能提升团队业绩的管理者的8 项特质。简单来说，具备这些特质的优秀管理者才能提高被亚里士多德计划证实具有重要意义的团队安全感。

也就是说，上述两项计划表明，**创造合适的环境，让每一名成员放下顾虑，按照自己的风格工作，并能认知自我、展示自我和表达自我，就是管理者最重要的职责。**

➡ 全球通用的 10 人以下小团队管理法则

谷歌将上述统计调查的结果分享给全体员工，并在全球范围内推行据此制定的人才培养教程。**他们不会针对不同国家的员工调整教程内容，也没有"这些教程只适用于大团队，小团队做不到"等偏见。**

事实上，我曾在日本、印度、澳大利亚和中国等国做过谷歌管理者培训讲师，教材里就包括氧气计划和亚里士多德计划的相关内容。我一般会用两天的时间，向来自各国的管理者传授与"用情商营造安全感""培养同理心与同情心"以及"培养成长型思维"（详见第 4 章）等相关的教练、反馈方法和团队决策方法等课程。

遍及全球的所有谷歌员工（当然也包括拉里·佩奇和谢尔盖·布林）都要遵照依据统计数据得出的这份教程工作，我认为**这也是谷歌成功的关键因素之一。**

◆ 技术团队、销售团队和会计团队共用同一个标准

除了面向管理者的培训，**谷歌还有很多可以提升团队安全感的机制。**

一对一面谈（1 on 1）就是其中之一。管理者每周都必须与成员进行 1 小时的一对一面谈，为员工提供教练。如果一对一面谈做得不好，即便团队业绩再出众，管理者也很难获得高度评价。谷歌的评价标准自然也是全球通用的，而且不论是技术团队、销售团队还是会计团队，标准都完全相同。

正如前言提到的，有些日本企业的人力负责人听到这里，常会质疑这些做法是不是都是只有在谷歌才能实现。其实，我们只要摒除成见去想一想就能知道，安全感是所有人最基本的需求，绝对不是只有谷歌才能实现的目标。

"在我们团队里工作总是很开心。每个人都特别好，都值得尊重和信赖。如果我遇到了困难，他们一定会出手相助。我们的领导也很有魅力，他总是引导我思考，关照我，培养我。我们的工作都有明确的目的和计划，只要用自己的方式完成工作，就能得到认可，也能拿到奖金。我们今后还有更长远的目标。"

不论身处何种企业，员工都会乐于在这种有安全感的团队工作。

　　日本企业有一种酒局文化。酒馆里常能看到很多上班族在开心地交谈，有时候我觉得这也是彼此增强安全感的一种方式。总之，同事之间应该推心置腹地聊一聊，"你想做些什么工作""你想实现哪些目标"，像这样一起探讨人生，了解彼此价值观的互动非常重要。

　　不过慎重起见，我要补充说明的一点是，如果对方不喜欢参加酒局的话，一定不要勉强人家，尤其最近有很多年轻人似乎不太喜欢这种沟通方式，尽管我倒是很愿意聚餐结束后再找一家店边喝边聊。

➡ 通用电气也在努力培养安全感

除谷歌以外，还有很多企业也在尝试通过各种全新的人事制度来增强团队的安全感。

进入 20 世纪 90 年代以后，通用电气开发了一系列具有划时代意义的人事制度，为很多日本企业所效仿。其中的人才管理九宫格最为著名，即用 3 个等级的"绩效完成度"和 3 个等级的"价值观实践度"组成矩阵，用来对员工进行选拔和排序，位于右上方的员工获得的评价最高。

如今，通用电气已经完全废除了此类传统考核制度，因为关注自己所受到的评价会损害员工的安全感。

总而言之，通用电气现在已经将打造拥有安全感的公司作为目标，员工不必再为了公司的考核去拼命表现，而是通过彼此之间的反馈去主动工作。从这个角度来看，与一直维持着严格的考核制度的谷歌相比，通用电气可能还要更为扁平化一些。

日本的个人二手交易网站 Mercari（煤炉）也十分重视

员工的安全感。我有一次协助该公司组织活动时，曾经观摩过他们某个团队的工作总结会，所有成员都非常坦率和积极，给我留下了深刻印象。

会上，每名成员都毫无保留地分享了自己的失败和成功之处，总结出做得好的部分和不太满意的部分，然后大家一起热烈讨论，如"下次可以这样做""咱们可以一起设计一套机制"等。

回顾工作时，人们很容易陷入类似"你当时为什么不这样做""对不起……"等负面交流。煤炉的总结会则完全不同，大家一起反思失败的原因，提出克服困难的方案，所有沟通都是积极正向的。

哪种团队更能带来安全感，答案不言而喻。

煤炉奉行**"勇于挑战（Go Bold）""一切为了成功（All for One）"**和**"专业（Be Professional）"**这三项价值观，把性善论作为所有经营管理活动的前提。也就是说，在这里，团队成员拥有共同的价值观，他们主动思考并做出决策，相信最终一定会成功。正因为如此，即使在遭到失败时，他们也能总结经验教训之后继续积极前进。

第2章

「抱怨」和「争执」是好事

→ 用价值观来提升安全感

我经常会提到下面这个事例。日本某家大型企业的一位管理者在酒席上说："我绝对不会向自己的上司说真话。"

我觉得大多数日本人一直以来都不太敢向上司说真话，不过这位管理者不是"不敢说"，而是"不说"。我被他这种坚定的语气吓了一跳，于是在脸谱网上做了一个简单的调查。结果显示，在参与调查的250人当中，每4个人中就有1个人认为"不应该对上司说真话"，每3个人中就有1人表示"平时不会对上司说真话"。

把上司视为危险事物的员工不可能拥有安全感。怎样才能消除这种想法呢？

谷歌经常由管理者主持组织"人生旅程（life journey）"活动。

在活动中，成员把自己迄今为止的经历尽可能详尽地写在一张 A3 纸上，并在每个转折点标上①当时采取的行动、②该行动的意图、③感想和体会，格式不限（参见图表 2）。写完以后，成员还会用大约 4 分钟的时间向大家介绍自己在人生中经历了哪些转折点，以及现在的自己是怎样形成的，然后大家在此基础上展开讨论。

图表 2　人生旅程（记述示例）

格式不限，在转折点时尽可能详尽地写出：
①当时采取的行动；②该行动的意图；③感想和体会。

讨论过程中，成员之间会有很多感慨，如"没想到你还有过这样的经历""你的人生真有意思""你肯定吃了不少苦吧"等。**沟通并不是单纯地复述事实，而是要从自己的价值观和信念出发。这种说真话（也包括抱怨）的沟通对增强安全感具有至关重要的作用。**

◆ 对任何人都要默认对方是好人

在入职谷歌以前，我曾做过 3 年心理咨询志愿者。

我在电话里倾听过几百人的倾诉，遇到过形形色色的人。有的人极为情绪化，有的人试图伤害别人，有的人陷入绝望的深渊，想一了百了……他们渴望在把自己的想法付诸行动之前向他人倾诉，所以才会打来电话。

心理咨询中有一个非常重要的概念，叫作"无条件积极关注（unconditional positive regard）"，指不附加任何条件、积极地接纳对方，是心理咨询的基本前提。

在一些极端情况下，心理咨询师可能要给罪犯、心理病态者做咨询，也会给精神分裂的人做咨询。无论面对什么人，咨询师都必须默认自己面对的是一个好人。

他过去做过什么，现在在做什么，将来打算做什么，这些都不会问。首先要接纳对方，把他视为一个人，这是挽救生命的第一步。

　　谷歌的亚里士多德计划强调安全感的重要意义，我认为在本质上与无条件积极关注是相同的。**管理者首先要接纳面前的成员，否则就无法增强团队的安全感。**在做过心理咨询的我看来，这是一个显而易见的道理。

◆ 管理者要为成员创造条件

　　我每个月都会面向意图开创未来的商务人士举办一场培训，培训叫作"未来论坛"（MIRAI FORUM），大概有几十人的规模。不是自夸，最近我的粉丝增加了不少，回头客也越来越多。培训会场设在东京，还会有人专程从关西或九州赶来听课。

　　我问他们为什么参加我的培训，不少人回答说"因为彼先生（熟悉我的人都喜欢这样称呼我）你总是用心地关注我。"或许他们在和我交流的过程中，能感受到我一直提倡的无条件积极关注吧。这让我十分高兴。

　　帮助管理者通过与成员的沟通来提高团队业绩的方法有很多，比如教练法和引导法（指管理者为了确保会议顺利推进，从中立的立场提供帮助的做法，拙作《在谷歌、摩根士丹利学到的日本人不知道的会议规则》中有详细介绍）等。

不过，**在运用这些方法之前，管理者必须认可和接纳团队中的每一个人。否则即使能在一对一面谈等沟通中提出再好的问题，成员也绝不会敞开心扉。**这里所说的认可，就是要让对方感到自己得到了充分的关注。

总之，管理者必须用心关注每一名成员，否则任何教练和引导都无法提高业绩。

➔ 一对一面谈的时间属于成员

事实上，管理者在很多场合都必须扮演与心理咨询师相似的角色。

在谷歌，一对一面谈的时间属于成员，管理者不应喧宾夺主，也就是说原则上要围绕成员当时想聊的话题进行沟通。工作安排往往很容易成为一对一面谈的主要话题，不过有趣的是，越是能干的管理者，越经常在一对一面谈时为员工的个人生活问题出谋划策。

员工在生活中遇到问题，往往也会影响工作，这种情况屡见不鲜。 比如朋友、夫妻之间闹矛盾，或者员工本人身体不适等都是这样。不过只有在自己信任的人面前，我们才会坦白承认是这些烦恼妨碍了工作。

换句话说，如果成员愿意向管理者倾诉个人生活上的问题，说明他的安全感很强。只有这样，团队才能取得更好的业绩。

在谷歌任职期间，我的团队中有一名在澳大利亚分部工作的成员。她是黎巴嫩和爱尔兰混血,能力非常出众。有一次,通过视频会议与我一对一面谈时,她突然说:"彼先生,真是抱歉,今天本应该谈工作安排,但我想聊点私事,您能给我出出主意吗?"

"当然可以!这段时间属于你,你想聊什么都行。"

原来她的孩子患有阿斯伯格综合征,虽然她和丈夫一直尽心尽力地养育孩子,但还是对未来充满了忧虑。

除了为孩子焦虑,她也很担心丈夫的状态,所以偶尔想听听其他人的意见。说着说着,她还掉下了眼泪。

最后她说:"彼先生,谢谢你。我心里舒畅多了,今后会继续努力工作的。"

一对一面谈做到这样就足够了。准确地说,对管理者来说,**一对一面谈绝不是管理工作进度的碰头会,而是倾听成员心声的时间。**

这位女士后来离开谷歌,在澳大利亚创业,如今依然是我的朋友。有时她还会请我出谋划策,我也愿意继续扮演她的领导:"我时间有点紧,就谈 30 分钟怎么样?好,那你说吧。"

◆ 对成员的私事,倾听即可

或许一些管理者觉得"我不太喜欢成员来找我商量私

事"，或者"我也不知道该怎么帮助他"。

针对这种困惑，我的建议是"成员倾诉个人生活上的烦恼时，你只要做个倾听者就好"。只要能把烦恼倾诉出来，心情就会轻松很多，相信很多人都有过这样的体会。

说到底，管理者需要解决的是团队成员因私事无法专注工作的问题。所以管理者也不用有负担，以为连成员个人生活上的烦恼也都需要自己去解决。

当然，如果管理者有能力帮助团队成员解决个人生活上的问题自然再好不过，不过也应该注意，不要因为太想解决问题而过度干涉成员的生活。如果成员的问题超出了自己的能力范围，管理者也可以建议他咨询专业人士。

还有一点需要注意的是，**管理者除了倾听成员的烦恼，还要把这件事放在心上，利用下次一对一面谈等机会问问后来怎么样了。**诚恳地倾听成员的烦恼，有助于管理者获得对方的信赖。

我的朋友曾给我讲过这样一个故事。

就在准备去国外出差的紧要关头，她却遭遇了一个沉痛的打击。因为发现未婚夫出轨，她决定取消婚约。起初，她告诫自己不能因为私事影响工作，所以一直瞒着上司，但在这次重要的出差之前，她感到心绪越来越烦乱，最终只好鼓起勇气，把心里的苦楚都告诉了自己的女上司。

上司听完她的倾诉，说了这样一番话："我以前也有一个部下经历过与你相同的遭遇。她当时非常痛苦，不过后来她与另一个人走进了婚姻，现在正享受着幸福的生活。人生难免起起落落，10 年以后再回忆这段往事时，你会发现它已经不值一提。不过不管怎么说，你的未婚夫实在太过分了，幸亏你在跟他结婚之前发现了真相。"

我的朋友说，最令她欣慰的是上司接下来又说："你现在这么难过，还在努力准备出差，真的帮了我很多忙。"

经过这件事之后，我的朋友更加信赖这位上司，两个人的关系比之前更为密切，工作之余，她们在生活中的交流也多了起来。而且我听说她那次出差也很顺利，取得了远远高于预期的成果。

➡ 面对抱怨，可以在沟通中"接发球"

管理者的任务是管理团队，做好这项工作有一个最重要的关键词，就是**"建设性"**。

管理团队必须使用"建设性的表达方式"，例如有一种比较容易掌握的沟通方式，就是在回应对方的话时把抱怨转换为期望。

"最近我的团队成员根本不听从我的建议。"

听到这种常见的抱怨，可能很多人都会说："哦，是这样啊？你的工作真不容易啊。"

这样回答相当于直接忽略了对方的抱怨。此外，男性和女性也常会采用不同的方式来回应对方的话。男性试图解决问题并结束话题："哦，那你可以这么办。好了，别再发愁了。"而女性则会鼓励说："确实，这种人最讨厌了，你要加油啊。"

如果改为用建设性的期望回应对方，则可以说："你是希望他们更多地听取你的意见吧？""是不是如果他们听从了你的意见，情况就不一样了？"也就是把对方的负面发言转换成积极的表达方式。

这种回应方式有助于促使说话人关注接下来应该如何行动。在这个事例中，他会去思考怎样才能让其他成员听从自己的建议。

假如有人抱怨"最近加班太多，累死了"，就可以用这个方法回应他说："你是希望多一些休息时间吧?"说话人确实想多一些休息时间，于是会说"是啊，我得想办法少加点班了"，然后主动思考下一步该怎么做。

管理者在接发球式对话时中不要责备或追问对方，尽量保持轻松明快的语调。过快的语速会给对方带来心理压迫感，仿佛是在逼问人家，所以也要避免。最好等对方把话说完后，留出足够呼吸一次的时间再做出回应，这个间隔刚刚好。

在对方处在情绪化状态时，这一点尤为重要。人之所以会情绪激动，说明他想表达的问题对自己来说非常重要，所以管理者更不能中途打断，而是要听他把话说完。对方说完以后，管理者应该先表达对他的理解，然后再把对话引导到建设性的方向。

◆ 抱怨说明心里有团队

爱抱怨的人可能其实是想为团队做些什么。**正因为他们**

把团队放在心上，才会总是想纠正别人，改善团队。只不过他们的想法是以抱怨的形式表达出来的而已。

比如，经常有人会在工作时，用周围人都能听到的大嗓门自言自语地抱怨"太麻烦了！"，此时管理者往往会批评他："不要在大家面前发牢骚！"

其实，**管理者应该明白，抱怨中蕴含着有助于改善团队的信息**，所以应该欢迎这种改进的机会。在这样的心态下，抱怨就很容易转换成建设性提议了。

例如有人在加班时突然抱怨"好烦啊！"，领导者可以试着询问："你是希望早点下班吗？"对方可能会没好气地回答："这还用问吗！"

"你说得也是，那好吧，下次咱们就利用团队开会的时间，重新权衡一下加班时间和工作内容！大家可以一起看看咱们现在存在哪些问题，想想怎样才能减少加班。"

听到这个积极的提议，抱怨的人恐怕也不好意思再嫌麻烦了。

"是啊，这个主意好。"

"那么就请你来主持这个会议，我帮你！"

"好的，我试试看。"

也许有人怀疑，现实中的沟通不可能这么顺利。我建议大家先尝试一次。事实上，迄今为止，我遇到过很多优秀管理者，他们都很认同**"抱怨就是机遇"**的观点，并会认真倾听成员的抱怨。

我甚至会在公司定期举行"抱怨会"，让员工踊跃抱怨。强行禁止抱怨，就等于封锁了解成员心声的途径。

听到成员的抱怨，请你一定尝试"接传球"式对话。**用建设性的表达方式与对方沟通，把抱怨转换为"咱们一起采取行动"的积极提议。最后结束对话时，也请你一定别忘了说一句："你提的意见很好，谢谢你。"**听到管理者这样说，抱怨的人也会觉得有话还是说出来好，把消极心态转变成积极心态。

➜ 在对话中提供更多选项

我离开谷歌后，选择了创业做企业管理顾问，现在经营着 Pronoia Group 和 Motify 两家公司。

Pronoia Group 主要提供管理岗位培训和组织发展等方面的咨询服务，目前有 5 名正式员工，另外还有 4 名外援以兼职的形式为我们助力。Motify 公司的主要业务是开发和销售人事管理软件，规模稍大一些，共有 10 名员工。这两家公司都属于初创企业，与大企业不同，我们什么事都需要每个员工亲力亲为。所以有时也会有员工当着我的面抱怨："我们太忙了，这件事没法做!"

遇到这种情况，我一定会腾出时间，与他沟通，直到最后我们一起得出建设性的结论。我从来不会说"今天就先这样，下次再聊"，中途停止对话。

"是啊，你也很辛苦，跟我说说具体有哪些不满吧。"我会首先让对方说个痛快，然后问他"那么，现在有哪些工作是马上能完成的呢?"，引导他积极行动。

"这件事应该很快就能完成。"

"那就从这项工作开始，由你牵头和大家一起完成吧。"

得出这样的结论之后，对方会感谢这次沟通的机会，觉得自己的抱怨是有意义的，然后他会与大家一起分担，在轻松愉快的气氛中工作，当然也比一个人干快得多。

总之，管理者提供教练的重点就是要在对话中为成员提供更多的选项。

除了应对抱怨，这个方法也可以用在很多其他场合，比如成员来汇报工作上的失误："对不起，我没做好这项工作。"

这时，如果管理者不问青红皂白地大声责备："你这是怎么做的工作！"对方就会不停地找借口来辩解，而不会去考虑下一步应该怎么做。

正确的应对方法是沉着地询问："是吗，出了什么问题？""我知道了，那你打算怎么办？""今后怎样才能避免犯同样的错误呢？"类似这样的提问可以把对话引向建设性的方向。

这样一来，无论是谁都会坦率地反思自己错在了哪里，主动考虑其他选项，避免今后再出同样的问题。

◆ **教练时的注意事项**

为成员提供教练时，管理者应该注意，永远都要从**"性**

善论"的视角出发，与成员沟通。这个理念的形成其实源自我的个人经历。

我有两个哥哥。二哥最近刚刚去世，而大哥是在很早以前因为酗酒离开的人世。

在我的家乡波兰的乡下，如果谁的家里有人酗酒，全家人的名声就都会受到影响，所以那时候我特别讨厌大哥。每次他喝醉酒惹了麻烦，家人都要想方设法帮他戒酒，但根本没有任何成效。前一天刚被家人责骂过，第二天又照旧醉倒在路边，他已经彻底对酒精上瘾了。

我也曾几次三番地劝他戒酒，但是渐渐地，我对大哥的态度发生了转变，开始希望他"干脆喝死算了"。谁知后来，他真的死了。

我后悔不已。如果当初对他好一点，多听听他的心里话，也许他就不会死了……这段悲痛往事如今仍旧深深地留在我心中。

另一方面，大哥的去世为我和二哥的关系带来了根本转变。以前我们的关系不太好，基本上没有什么交流，现在却成了无话不谈的好兄弟。

这次经历改变了我对他人的看法。过去，我认为有些人总给周围添麻烦，是出于某种目的、故意为之，但后来我发现其实不然。

现在我相信，**每个人的行为在本质上都是源自积极的意愿，而不是为了给他人添乱等消极动机**（比如酗酒的人喝酒，抛开这个行为本身的好坏不论，应该都是出于"想喝点酒让自己平静下来"的积极愿望）。有些人之所以会给别人添麻烦，只是他们做事的方式方法有问题。

也就是说，我的观念从之前的"性恶论"变成了"性善论"。

◆ 花点心思让团队成员开心

人性本善，不过人也总会有偷懒、犯错的时候，有时还会陷入沮丧消沉。有些人抱怨工作麻烦，很多时候也只是想偷一点懒。

怎样才能既坚持性善论的立场，又减少工作中的风险呢？这正是体现管理者能力高下的地方。为了防止成员偷懒，杜绝成员犯错，避免成员消极悲观，管理者需要多花费一点心思，让他们开心起来。

比如，不要冷冰冰地命令成员："赶快干活儿！"而是可以带来蛋糕慰问大家，热情地鼓励成员："吃了蛋糕，咱们一起加油！"这点小小的心意就足以让成员开心，他们会发自内心地回答："谢谢您，我们会努力的。"

　　坚持性善论并非难事，只需要乐观地相信**得人以善者必还之以善**，就是这么简单。

　　当然，管理者并不是一定要买蛋糕。与抱怨工作麻烦的员工进行建设性沟通，帮他一起思考如何让工作不那么麻烦，这也是表达善意的一个很好的方式。

➜ 主动袒露弱点的管理者更强大

管理者具备了前面介绍的建设性表达方式、态度和思维方式（当然也包括性善论），在建设性沟通中日积月累，团队自然会培养起安全感。

"那么，管理者自己不需要安全感吗？"

读到这里，可能有一些读者会产生这样的疑问。

大家这样想也是情理之中，管理者处在两头受气的位置，他们的职责就是在经营者与团队成员的夹板之间，带领团队取得成果。

其实**管理者也可以通过前文介绍的方法在与成员沟通的过程中提升自身的安全感。**

如果管理者无法做到与成员无话不谈，那么说明这个团队尚未拥有足够的安全感。

比如，管理者在自己的工作出现纰漏时，最好能坦率地向成员汇报和道歉"对不起，是我搞砸了"，或者偶尔抱怨一下"咱们部长太过分了"也无妨。管理者像这样主动袒露自己的弱点，会更容易营造出成员之间无话不谈的团队氛围。

不袒露弱点的管理者最常采用的工作模式是只抛下一句："明天之前把这个做好！"就一个人匆匆离开公司。

被留下的成员一定会抱怨："又把他自己的活儿扔给我们，真有那么多事需要外出办理吗？他真的在工作吗？"

敢于袒露弱点的管理者则不会只下个命令就一走了之。他们会说："我遇到了一项棘手的工作，需要请大家帮忙。这是咱们新开发的项目，今后要与 A 公司开展合作。我还没来得及正式通知大家，估计会是个大项目。明天就要为这个项目开会了，可我今天一天都安排了在外面谈事，实在没有时间准备演示资料了。所以我想麻烦你来做一下，只要有个简单的初稿就行。你能帮我这个忙吗？对不住，让你加班了，下次请你吃饭！"

试问你愿意与哪种管理者共事？答案肯定是后者。当然，如果管理者与成员之间缺乏足够的安全感，他恐怕也无法像这样交办工作。

◆ 看不起人的领导不会长久成功

迄今为止，我见过的**优秀管理者都有一个共同点，那就是平易近人。**企业经营者也有这个倾向，可以说这是优秀领导者的共同特征吧。而且据我观察，不论在东方还是西方，这一点是全球共通的。

相反，也有一些领导者会处处流露出自以为是的神情，总是瞧不起别人，这样的人即便能获得短暂的成功，也绝不会一直持续下去。我也目睹过不少这样的管理者和经营者，他们都会在成功后很快又跌入低谷。

平易近人，也就是谦逊，才是领导力的根基。

任何人都不会拒绝为人谦逊低调、平易近人的管理者，他们会主动贡献力量，为其排忧解难，这样的人才能领导团队或公司不断做出更好的业绩。

当然，有时管理者也需要对团队成员展现出严厉的一面。如果管理者平时一直亲切待人，那么当他严厉起来时，成员也会坦诚地听从他的意见。

为了避免误会，我要说明的是，这里所说的"严厉"指更高层次的要求，如"希望成员进一步提升职业技能"等，而并不是因为工作中的一件件琐碎小事去批评或管理成员。

前言中提到了加里·哈默的能力金字塔，我说的前一种严厉能帮助成员提升到第 4 层以上，而后一种则只能停留在第 1~2 层。

◆ 什么样的管理者没法与成员做伙伴

我的女助理经常批评我，生气地说："别开玩笑了！"

她除了负责管理我的日程，还要承担一些会计和劳务管理的工作。

老实说，最近我的日程总是排得密不透风。除了本职的管理咨询工作，我还经营着一家开发和销售人事管理软件的公司。此外，我还给其他初创公司担任顾问，另外还有许多媒体的采访、出版著作、座谈会嘉宾等邀请，甚至有人请我协助创办一所初中。难得得到大家的关注，我怎么忍心拒绝呢？但因为我总是来者不拒，调整日程的工作就会变得非常麻烦。

所以，我的女助理也常常忙得不可开交。因为必须预留出给客户做管理咨询的时间，可我却又接下了一堆其他工作。

"再重新排一下就好了，你自己想想哪件事优先度更高、更紧急，就知道该怎么调整了吧，你可要帮我管理好时间啊。"

我每次都会这样说，所以等到她终于忍无可忍了，就会说出前面说的那句："别开玩笑了！"

最近一次的这一幕发生在东京涩谷一家高级酒店的咖啡厅里，当时我与她和另外两名员工正在讨论工作，而这天的前一天是她的生日。

我原本提议在她生日的当天办一场生日庆祝会，但被不喜欢张扬的她谢绝了，不过我还是觉得应该送个蛋糕让她开心一下。

于是在她生日的第二天，我与其他几名员工商量着把她约到酒店咖啡厅，提前点了生日蛋糕当作下午茶。

结果，碰巧（不巧？）她刚说完"别开玩笑了！"，我们为了制造惊喜而点的蛋糕就来了。大家齐声高喊："生日快乐！"气氛一下子欢乐起来。

我猜那时她的脑子里一定冒出了无数个问号：这个彼得，究竟是个好上司，还是个坏上司？

最后，她终于露出了笑容，对我们说："今后咱们继续一起努力吧！"

我所说的安全感就是指这样的状态。成员有时也会责备管理者，而管理者也有犯错挨骂的时候。即便如此，整个团队仍能积极地努力向前。也就是说，团队的成员与管理者之间是伙伴的关系。

正因为人无完人，才必须要有彼此扶持的伙伴。

　　但是，有很多管理者想在团队中展现出一个完美的自己。他们想给成员做出完美的榜样，要求成员必须按自己的示范来做。我认可他们的努力，但只要一直持有这种想法，他们就不可能与成员成为伙伴。

➡ 争执是提高效率的最佳时机

那么团队成员之间建立起伙伴关系，在工作中就不会发生任何争执了吗？实际上并非如此。**越是拥有多样性思维，成员能够各抒己见的团队，就越容易出现意见对立的情况。**

从这个角度来看，我认为对团队来说，争执其实是好事。

当然，为了避免单纯的情绪化争吵，管理者需要做好引导，将争执转化为建设性沟通。

管理者不仅要稳妥地整理大家讨论的内容，得出积极的结论，有时为了激发出更好的创意，还需要刻意提升讨论的紧迫感。比如管理者可以询问成员："你们讨论了这么久，真的就只有这一个办法吗？应该还有其他更好的主意吧？"

这种"争执"不但能促进成员的成长，同时也是提高团队效率的最佳机会。

◆ 如何调解成员之间的纠纷

另一方面，当成员之间出现了情绪化的冲突，管理者就只能挺身而出，化解冲突了。我在日本曾经先后在做语言教育的贝立兹（Berlitz）公司、投资银行摩根士丹利和谷歌这三家外企工作。无论由多么优秀的人才组成的团队，都发生过大大小小的争执。特别是谷歌有不少员工都个性十足，所以也出现过很多次情绪化的冲突。

每次遇到这种情况，我都会把争执的双方带到另一个房间，听取他们的说法。

调解有很多方法，我经常用的是下面这一种。

首先请他们充分说明自己的意见，确认 A 希望 B 做什么，B 希望 A 做什么。在此基础上，先请 A 复述 B 的需求："你知道 B 希望你做的是什么吗？"然后再同样请 B 复述 A 的需求："请你说说 A 希望你做的是什么。"

只要两个人互相认识到对方对自己的诉求，情绪化冲突就会立刻缓和下来。之后，双方便可以通过建设性沟通主动修复彼此的关系。

也就是说，**管理者需要做的调解不是单方面提出解决方案，而是不动声色地让当事人说出自己的意见。**

这种方法其实是我经常在培训活动中进行的**"接纳训练"**的一种变化形式。接纳训练就是让参与者说出希望别人关注自己的部分和不希望别人关注自己的部分，从而帮助他更好地接纳自己、接纳对方,每次进行这项训练时,会场的气氛都会非常愉快。

例如我在培训时会请参与者进行如下对话:"我希望你关注我智慧的一面,不希望你看到我随性的一面。""我能看到你智慧的一面,也能看到你随性的一面,不过我还看到了你宽宏大度的一面。"

参与者说出自己不希望对方关注的一面,而对方不仅接纳这一面,还发现了更多的闪光点。通过这种训练,参与者可以通过相互接纳加深彼此之间的关系。

◆ **用要求代替抱怨**

很多时候,管理者还需要通过成员的"抱怨"了解团队内部出现的情绪化冲突。

"你说 B 是不是太过分了!"当 A 跑来向你抱怨时,管理者可以用这种接纳训练的变化形式来应对,效果会很好。

"哦,你是希望 B 做 ×××吧?"

"嗯,是的。"

"那么你跟 B 说过你希望他这么做吗?"

"没有。"

"那下次团队会议上,你可以这样建议 B 试试。"

这个方法是不是很简单？**只要用"要求"代替抱怨，让对方意识到自己的诉求，把对话引导到建设性的方向就可以了。**

◆ "照我说的做"解决不了问题

让我们深入思考一下，人在什么情况下会失去理智，与他人发生冲突？是不是在自己一直遵循的信念或价值观遭到诋毁时冲突最激烈？

比如，很多孩子都想随心所欲地一直看电视，对孩子来说，这就是一种信念。母亲命令孩子："你不许老看电视！"孩子就会闹情绪，反抗母亲。大人也有这样的时候，很多男人想跟异性随便聊天，但女朋友或妻子命令他："不许跟别的女人说话！"男人就会反抗："为什么？聊聊天又怎么了！"

我们先把大人的事例放在一边，想想面对孩子的反抗，如果母亲只会说："照我说的做！"那么恐怕无论她说多少遍都无法避免情绪化冲突。

其实母亲还可以采取另一种方法，即先温和地问孩子："你为什么想看电视？"这一点非常重要，是下一章介绍的"7个提问"（你想通过工作得到什么？）的另一种形式。

"你为什么想看电视啊？"

"因为好玩。"

"那为什么想做好玩的事呢?"

"因为开心啊。"

"那你想想看，除了看电视，还有什么别的事情也是开心的吗?"

"和爸爸妈妈一起出去玩也很开心。"

"好，那咱们就一起出去玩吧。"

对团队成员也可以使用这种方法。**化解成员之间的情绪化冲突，需要管理者引导当事人认识到问题的本质，并提供更多建设性的选项。**

第 3 章

用优质沟通提升10人以下小团队实力

→ 提升业绩的法宝是闲聊

"周一的早上，你会很想快点去公司上班吗？"

如果哪位成员的回答是否定的，而且又一直没能做出成绩，那么很有可能是因为他在团队中找不到安全感。

说到底，管理者的工作就是与每一名成员沟通，让他们明天也想继续来工作。

那么，应该怎样沟通呢？**最重要的一点就是积累优质对话。**日本某家大型广告代理商曾针对业绩优异的团队和业绩不佳的团队做了一项对比研究，结果发现两种团队内部的对话内容截然不同：业绩差的团队总是在谈论工作，而业绩好的团队总是在闲聊。

◆ 开启优质闲聊的"7 个提问"

我也认为闲聊对于提升团队安全感具有重要作用，所以我在培训时一定会留出时间，让参与者彼此提问。不过我们要求对话的内容必须与价值观有关，还会为他们提供一些日本企业的员工在公司闲聊时不太会谈论的话题。

我经常采用下面这"7 个提问"的模式。

① "你希望从工作中得到哪些收获?"

"我想提高专业技能,积累职业经验。"

② "你为什么要这样做?"

"因为我有一个可爱的女儿,而且我也想拿到更高的薪水,所以我要更努力地提升自己。"

"为什么必须提升自己呢?"

"为了女儿,我想成为更出色的爸爸。"

"那么你是在为了女儿工作啊。"

③ "你认为怎样才算是工作成功?"

"只要我下班回到家后还面带着笑容,就说明工作进展得很顺利。"

④ "你为什么选择现在这份工作?"

"当初没想太多,毕业之后马上就进了这家公司。"

"为什么一直做到现在呢?"

"因为这份工作做得很开心。"

⑤ "你去年的工作与今年的工作之间有哪些联系?"

"去年我付出了很多努力,所以今年逐渐取得了一些成绩。"

⑥ "你最大的强项是什么?"

"这么说来，我觉得我的强项是能吃苦，肯努力。"

⑦ "你现在需要哪些帮助？"

"我想进一步提升自己，所以希望领导能交给我一些更大的项目。"

① "你希望从工作中得到哪些收获"和② "你为什么要这样做"与价值观和信念有关，③ "你认为怎样才算是工作成功"和④ "你为什么选择现在这份工作"与标准和动机有关。

⑤ "去年的工作与今年的工作之间有哪些联系"能够让回答问题的人认识到自己的成长。这个问题并非一定要得到正面的回答，它的目的在于让回答问题的人认识到现在的自己已经不同于过去，所以只要对方意识到自己的变化，就不需要再继续追问了。

⑥ "强项"和⑦ "帮助"是管理者必须掌握的，这些信息不仅有助于在团队内部开展工作，对人事调动等公司层面的决策也很有用处。

◆ 浪费时间的问题，改变人生的问题

我建议管理者在与成员的沟通过程中加入这 7 个提问。

在我看来，管理者问成员的问题基本上可以分为两类，

即**"改变人生的问题"**和**"浪费人生的问题"**。

确认工作进度等针对事实的提问属于"浪费人生的问题"。管理者固然需要掌握成员的工作进度，但相比之下，帮助成员认识到自己的动机、信念、自我认知和判断标准等价值观的提问要重要得多，这些才是"改变人生的问题"。

关于价值观的问题能让成员感觉自己得到了认可。有人愿意认真倾听自己的回答，可以使成员体会到展示自我的好处，通过在沟通中展示自我，他还能进一步加深对自我的觉察。在不断沟通的过程中，成员在团队中表达自我的能力也会越来越强。

➡ 感激之情有助于提高团队效率

对所有人来说，认识自我都非常重要。只有经过认识自我、展示自我、表达自我的阶段，人们才能实现自我。实现自我可以让人更自信（提升自我效能感），还能进一步增强认识自我的能力（图表3）。

只有明确知道自己是怎样的人，自己想做什么，人们才能站到实现自我的起跑线上。认识自我是实现自我的前提，

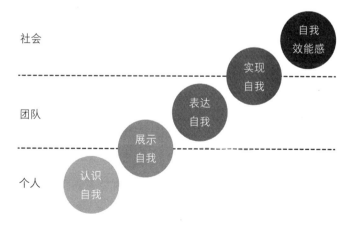

图表3 从认识自我到自我效能感的转变

也是实现自我所必需的要素。如果管理者为成员提供了认识自我的机会，成员一定十分感激，这种心情会自然而然地改善人际关系。

人际关系搞不好，彼此都无法专心完成自己的本职工作。

比如，管理者交代成员在今天之内完成一项工作，即使成员已经应承下来，缺乏信任感的管理者也往往什么都想管，陷入微观管理的状态，不由自主地担心"不知道他有没有好好做""做得怎么样了""这部分为什么要这么做啊"等问题。而成员心里也会犯嘀咕："领导为什么要检查得这么细啊"，难免影响工作表现。在这种状态下，团队的效率肯定不会高。

我想顺便提醒大家，**在针对事实的提问中使用"为什么"（英语中的 Why）这个词，有时很容易给对方造成一种责备的印象**。比如"这份资料的这个地方为什么要这样写"等，被问到的人往往会下意识地辩解，小声嘀咕着说："不是我要这么写，是客户要求的……"所以管理者在使用"为什么"时要格外留意。

不过，**针对价值观提问时，我觉得管理者大可放心地使用"为什么"（当然也要注意语气温和一些）**。因为动机、信念、自我认知等个人价值观没有标准答案，双方可以放松地交流，无须顾虑。

◆ 用提问激发成员的正能量

不用说，每个人的工作动机都与他的人生目标相关。

也就是说，动机与认识自我这个实现自我的前提也有着密切的联系。

因此，我总会问成员："在迄今为止的人生中，你最感激的人或事是什么？为什么？"

根据我的经验，这个提问能引导对方从认识自我开始，延伸到展示自我和表达自我，然后再进一步深入认识自我，形成良性循环。

面对"为什么会感激这些人和事"的提问，绝大多数人的回答都充满了正能量。这便是认识自我，在这之后，他们会更愿意展示自我，主动打开话匣子。也就是说，在回答这个问题的过程中，说话人能体会到表达自我的成就感。接纳和认可能提升自我效能感，使成员变得更加自信，从而进一步深入认识自我，从结果上来看，便能增加工作的动力，形成良性循环。

◆ 聊一聊人生的转折点

除了"人生中最感激的人或事"之外，与人生轨迹相关的提问也能引导成员认识自我和展示自我。

简单地说，就是管理者可以让成员聊一聊自己人生的转折点，如"你人生中最重要的时刻是什么时候""哪件事塑造了现在的你"等提问都能开启积极的对话。

优秀的管理者擅长提出改变人生的提问，也就是与价值观相关的问题。除了一对一面谈，一起走路时或吃饭时，管理者都可以不着痕迹地问问成员："你最近有什么追求""哪些条件能帮助你工作得更好"等，也可以根据情况调整措辞，巧妙地引导对方。

经过价值观层面的交流，成员一定会感谢管理者帮助自己认识到人生中的重要问题，这也有助于增强他对团队的信赖和尊重。

➡ 影响团队业绩的全球趋势

在我看来，无论时代如何变化，管理者要做的基础工作都不会改变太多。

管理者最起码应该尽到以下 3 项职责：

① 制定团队的任务（愿景和战略）

② 管理完成任务的过程

③ 培养成员

✕ 同时，管理者还需要结合商业形势和工作方式的最新趋势来引领成员。

无论是制定团队任务，管理完成任务的过程，还是培养成员，固守陈旧观念的管理者都很难成功。

只有充分理解当下的商业框架和趋势，才能制定出明确的愿景和战略，从而提高工作效率。这样的管理者在提供教练时，能更准确地考核成员的业绩，关心成员，顺畅沟通，为成员的职业成长提出有益的建议。

接下来，我将结合当今商业与企业的发展方向、员工的工作模式等方面的变化，总结一些全球通用的普遍趋势。

① 从制造产品转向构建机制

只要制造出优质产品即可大获成功的"旧商业时代"已经成为过去，在"新商业时代"，企业必须思考用户会如何使用产品、产品如何连接到网络、如何共享等构建机制体系（平台）的问题。

② 从追求私利转向社会贡献

一切只为盈利的贪婪自私的公司今后将难以发展，未来能实现成长的主要是崇尚"社会贡献"的利他主义公司，如谷歌、煤炉、爱彼迎和优步等。

传统大企业必须考虑众多股东的利益，基本上还是会以盈利为目标，而不是考虑社会贡献。

从这个意义上看，初创企业更容易从社会贡献的角度出发，创建出新的用户社群。事实上，资金正在源源不断地涌向这些创新企业，也说明市场的价值观已经发生了改变。

③ 工作模式从封闭转向开放

人们的工作方式也在逐渐改变。过去，公司的工作是对外封闭的自给自足模式，而现在的公司则采用开放式的合作主义，与行业、政府、学术界等外界伙伴和自由从业者、从事地区社会活动的人们一起开展工作。

正如同爱彼迎依靠房东，优步依靠私家车车主，企业和普通人之间也建立起了合作关系。

④ **管理方法从 KPI 转向 OKR**

企业管理员工的方法正在从自上而下地制定 KPI（Key Performance Indicator, 关键绩效指标），改为由员工根据企业的宏观愿景主动为自己制定目标的 OKR（Objectives and Key Results，目标与关键成果法）。第 6 章将会介绍与 OKR 相关的内容。

⑤ **组织结构从金字塔形转向树形**

公司的组织结构也发生了变化（图表 4）。过去一直占据主流地位的金字塔形结构已经成了名副其实的坟墓，基层员工在上层领导的高压之下毫无生机，公司成了一种无机组织。要想在未来获得成长，企业必须像草原上枝繁叶茂的树木一样，采用有机的树形组织结构，确保开放性，并与其他领域保持密切联系。

在金字塔形组织工作的人没有发声自由，就像企业的奴

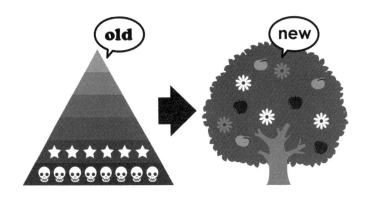

图表 4   从金字塔形结构转向树形结构

隶，而在树形组织里，任何人都可以自由地发表观点。

　　近些年来，员工体验受到了越来越多的关注。例如装修时尚舒适的办公环境，为员工提供可口饭菜的食堂等，很多公司都把营造轻松愉快的工作环境作为重要课题，这也可以算是构建有机组织的方法之一。第 4 章将会介绍与员工体验相关的内容。

⑥ 从计划主义转向学习主义

　　在商业环境瞬息万变的今天，过去"先计划后执行"的模式已经行不通了。

　　如今，我们必须采用"学习主义"，从一开始就要全力奔跑，要在奔跑的同时思考，随时调整，而不能等到一两年后，否则将一事无成。

⑦ 从参与型管理者转向整合型管理者

过去的管理者大多是参与型管理者，他们在管理、指导成员的同时，与成员一起做业务。在今后的开放式树形组织中，管理者的职责则是创造最佳组合，考虑如何调动公司内外的人才、组织和技术等各方面资源，从而解决问题和创造价值。

⑧ 对待员工的方式从鸬鹚型转向放羊型

渔夫把绳索系在鸬鹚的脖子上，赶着它们去捕鱼，过去企业常常剥夺员工自由、对员工进行统一管理，与渔夫对待鸬鹚的做法相似。

当今社会需要提高员工自由度，通过放羊式的管理模式，打造适宜的环境，让每一名员工都能做好自己想做的事，实现人尽其才。

➡ 管理者要培养成员主动性

在商业环境瞬息万变的今天，不用说，所有企业都面临着如何尽快适应变化的课题。

只有等高层做出判断之后才能行动的企业显然跟不上时代的步伐。要尽快适应变化，每个基层团体都必须随时决策并立即执行。也就是说，管理者还有一项重要职责，就是培养团队主动出击的能力。

◆ 短期、长期、实时的三种绩效

不用说，团队的业绩取决于每名成员的业绩。

管理者的岗位就是为了最大限度提高团队成员的业绩而存在的。

有一点需要注意，从**时间维度来看**，绩效可以分为三类：**短期绩效、长期绩效和实时绩效**。

·短期指完成自己和团队眼前的工作

·长期指提升自己和团队的价值（技能及成长潜力）

·实时指培养自己和团队随机应变的能力

遗憾的是，很多管理者缺乏长期视角，只关注短期绩效。

他们只重视眼前的工作，盯着成员是否一直坐在工位上，事无巨细地控制成员的工作情况。这种模式很常见，也就是微观管理。

优秀的管理者不会这样做。比如，他们知道从长远来看，成员离开工位去参加培训对其自身、团队乃至公司都具有重要价值。

反过来也可以说，如果管理者不具备这种思维模式，就相当于放弃了帮助成员主动创造业绩的重要职责。

培养成员根据公司的愿景主动完成每天的工作，独立思考，将创意付诸行动，最终实现自我，这才是管理者的工作。

◆ 为什么要鼓励新人发言

在新人刚加入团队时，常会遇到微观管理的情况。

很多管理者想控制和支配新人，甚至有的管理者还会随意批评新人，指责他们"新人不许提意见""还轮不到你来说这种话"等。

我建议管理者要鼓励新人积极发言："很厉害，你的建议不错""你再具体说说看"。这样做不仅能帮助新人更快地成长，更有可能为团队带来协同效应，从长期来看，无疑是更好的选择。

工作上也是一样，管理者可以鼓励新人多尝试，不要说"这项工作对你来说还太早"，而应该劝他"试试看"。新人在尚未适应工作的时候也许会犯错，也许要花掉其他成员 3 倍的时间，但被委以重任会让他感觉自己受到了信任，会促使他开心地拼命努力。最终，新人和团队的长期业绩都能得到提高。

管理者不要试图控制新人，考虑怎样帮助新人增强自我效能感（对自己能够完成某项任务的期待，即自信）才是重点。

其实不只新人如此，任何一位成员，只要能感到管理者信赖自己、愿意把工作机会交给自己、赏识自己、支持自己，他都会心甘情愿地跟随管理者的步伐。

回想自己当年初入职场时的心情，相信大家都会对这一点深有体会吧。

◆ **把学习机会留给团队成员，也留给自己**

　　管理者把工作委派给成员，相当于为成员提供了学习的机会。

　　在工作中学习具有重要意义，相反，如果学不到新东西，工作的价值就比较低。

　　从这个意义上看，把工作交给成员对管理者也有益处。因为重复性工作减少了，管理者自己就能拥有更多的时间用来学习了。

　　老员工把工作交给新员工也是同样的道理。只要新员工具备了相应的能力，老员工就不必再重复之前的工作，因为他自己已经无法从中学到新知了。**把工作交给新员工，可以帮助新员工增强自我效能感，同时老员工也可以着手新的工作，并从中学习。这才是应有的工作方式。**

　　我见过的职场成功人士都会有意识地在每天的工作中学习新知。

➔ "心流状态"最高效

前文曾提到,管理者的重要职责是提升成员的业绩。在近年有关工作效率的研究中,美国心理学家米哈里·契克森米哈赖提出的**"心流理论"(当挑战与能力相当时,全神贯注于某种事物的体验或状态)**受到了广泛关注。

简单地说,心流就是全神贯注,指一个人全身心地投入自己感兴趣的事物的状态。研究发现,在 8 小时的工作时间中,心流状态通常只能持续 30 分钟。如果能把心流状态延长到一个半小时,工作效率就会翻倍。

还有研究发现,当人们处于心流状态时,多巴胺、内啡肽等神经递质分泌增多,有助于提升幸福感,缓解压力。

因此,**管理者的职责也可以理解为帮助成员延长处于心流状态的时间。**要做到这一点并不难,只要全力支持每一名成员,让他们对工作感兴趣,能沉下心来,专注并快乐地工作即可。

◆ 安全感是心流状态的前提

显然，如果没有充足的安全感，成员很难进入心流状态。无论多么喜欢的工作，在一个无法共鸣的管理者手下，员工不可能踏实、愉快地工作。

不用说，共鸣是一种情感层面上的关系。我认为**管理者与成员最理想的情感状态是心理学上的"和睦关系"（rapport，心意相通的和谐状态）**。

每个人都各有好恶，或许有人认为要实现和睦关系很难，不过我认为和睦关系反而是人与人之间极为自然的一种情感状态。

关于如何与对方产生共鸣，营销培训常会传授一些叫作"回声"或"镜像模仿"的心理学方法，比如与对方保持相同的语速、声调、用词、话题和动作等。

不过，普通人一般不容易泰然自若地运用这些方法而不被对方察觉，所以我不太推荐。我自己也曾在面向管理者的培训过程中试过几次，但参与者大都感到十分尴尬，所以我就更加讨厌这种方法了。我觉得回声和镜像模仿有时似乎反而会阻碍人们心意相通。

现在我在举行培训时，常会实施"共鸣训练"，这个方法操作简单，又卓有成效。具体的做法只需要彼此注视对方的眼睛。

对人类来说，在沟通时注视对方的眼睛非常重要。只靠这一个动作，就能向对方传达出接纳的信息"我不是你的敌人，我信赖你"，为形成共鸣创造前提条件。

这是大脑镜像神经元（这种神经细胞能使人在看到眼前其他个体的行为后，做出仿佛自己在做相同行为的反应）的作用，只要持续注视对方的眼睛大约 4 分钟，就能在彼此之间建立本质联结，即情感层面上心意相通，而不是基于逻辑的联结。

就算我再怎么强调"共鸣非常重要，请大家赶快与旁边的人沟通感情"，参与者也很难调动起情绪，所以我一般会强制要求所有人"紧紧地注视旁边人的眼睛，坚持 4 分钟"。这样一来，大家就会自然而然地与旁边的人产生亲切感，所有人都能意识到整个会场的气氛更和谐了。

这时，我再解释共鸣的重要性，以及形成共鸣并不难，参与者便更容易从情感上理解其中的含义，而非仅仅停留在逻辑层面。

此外，商务培训等活动除了介绍学习相关的课题，还具有为参与者增强与他人相互交流的目的。为此，我也会特意加入共鸣训练的环节，来促进大家交流。

注视对方的眼睛不仅能萌生出亲切感，还能提升人们彼此之间的关注程度："他是个什么样的人？我试着和他交谈一下吧！"双方彼此形成了正向的感情，对话就会从初次见面的问候发展到更深入的交流。

◆ 视线的交流不可替代

那么，管理者怎样才能赢得成员的共鸣呢？面对每天都要一起工作的团队成员，管理者突然提议"来！咱们花 4 分钟注视彼此的眼睛"似乎显得很不自然（不过其实只要实践一次就能体会到它的功效）。

那么只要在与成员一对一面谈时认真地注视对方的眼睛就可以了。

成员意识到管理者在说话时一直看着自己的眼睛，自然会萌生安全感，感到自己得到了接纳。这是形成共鸣的第一步。

除此之外，诸如"最近工作顺利吗?""谢谢你一直努力工作"等日常场景中的交流也能传达认可的感情，管理者其实并不一定非要说出一番豪言壮语才行。

➡ 没有多样性，就没有新创意

我要再次强调，企业需要团队和管理者，是因为只有依靠团队多样性带来的集体智慧，才能取得优异的成果。

前文介绍的管理者的职责当然也与激发团队集体智慧直接相关。

说到多样性，我认为最重要的并不是人们常说的男女比例、外国人比例等人才的多样性，而是思维方式的多样性。

毋庸赘言，新创意是取得优异成果的首要条件。没有新创意，投入多少资金也没有用武之地。

比如，销售人员需要预见客户的需求，提出合适的方案。所以，销售人员必须要比客户更懂客户，虽然这样说听起来有些奇怪。换句话说，销售团队要想取得好业绩，在考虑销售技巧等问题之前，首先必须拥有通过洞察（消费意愿的核心和痛点等）得来的创意。

◆ 时代在变，思维方式也在变

在为企业提供咨询服务的过程中，有很多经历让我切身体会到洞察带来的多样化创意是多么重要。

最近有一家公司来咨询与应届生招聘相关的问题，我把团队中一位 20 多岁的女员工提出的建议转达给对方，他们感到非常满意。在这项工作中，我们之所以能提供一些额外的价值，就是因为团队的多样性带来了新创意，恰恰这是对方公司所缺乏的。假如团队成员都是像我这样的 40 多岁的男性，在应届生招聘问题上，恐怕就提不出有价值的建议了（不过只要客户公司的人力部门多采纳新员工的意见，这个问题应该也能迎刃而解）。

没有多样化思维，就没有新创意。如此简单明了的事实，却仍旧有很多管理者不明白。

有一次，我受邀在某家公司的活动上做演讲，在活动结束后的交流会上，我遇到了这样一幕。

当时我站在社长身边，有一位前一年刚刚入职的年轻女员工走上前来，十分认真地跟我讨论活动的情况。她提出了很多好想法，比如"我们是这样想，这样做的""当初应该在社交网站上多做一些宣传""市场运营要是这么做就好了"

等，让我感到受益匪浅。

然而，站在我旁边的社长的反应却截然不同。也可能是由于没听懂她要表达的内容，社长粗暴地打断了我们的谈话，用高高在上的语气制止她说："你不明白……这些话不应该在这说！"

难得员工想出了好主意，他却充耳不闻，实在太过分了。这位社长恐怕根本不懂多样化思维的价值。

再次环顾整个会场，我才发现组织活动的清一色都是男员工，而且大部分年龄都在 45 岁以上。能把团队组织得这么整齐划一，反倒让我从另一个方面感到"佩服"。

◆ 把成员的意见落实到团队工作中

随时倾听成员的意见，不断思考如何将其落实到团队工作中，这也是管理者的重要职责。

说到这里，请原谅我再次用自己的团队举例（虽然听起来有点像在自夸）。有一次我与两位女员工讨论如何在社交网站上为我自己做宣传，下面是我们讨论的过程。

"脸谱网、推特和 Instagram，应该都可以吧？"

听我这么说，20 多岁的女员工立刻反对："彼先生，您不太符合 Instagram 的风格。"

"是吗？为什么？"

"因为 Instagram 上基本都是照片，我觉得您更适合用文字宣传。"

"那我们给文字配上图片呢？"

这时，另一位 30 多岁的女员工说："可是大家浏览 Instagram 时都不会去读大段文字……"

我们三个人想出了各种办法，最终决定做成漫画也许效果会更好一些。假如用类似四格漫画的形式，讲述一个奇怪的外国人（也就是我）暗中观察日本的职场女性，吐槽她们的言行举止，这样的故事说不定能在 Instagram 上得到转发。

姑且不谈我们最终是否真的会这样做，至少在"不适合 Instagram"→"不过可以再考虑一下"→"Instagram 并非只有照片"→"那就做成漫画？"→"好啊，设计一个奇怪的外国人的角色"这一系列对话过程中，我们就想出了一个全新的创意。

这便是富有多样性的对话。40 多岁的外国男人、30 多岁的女士和 20 多岁的女士组成一个拥有多样化思维方式的团队，才能提出这种一个人无论如何也想不出来的创意。

如果是我自己思考这件事，或许我就会直接在脸谱网、

推特和 Instagram 上投放内容相同的宣传资料，如果让那位
20 多岁的女员工单独思考，可能她根本就不会在 Instagram
上做宣传。

　　如何将每位成员的思维模式纳入集体智慧，提高团队的
多样性，包括如何替换成员和应用外部资源等，正是最考验
管理者水平的课题。

➡ 成员工作不得力，要从管理者身上找原因

成员是确保团队多样性的关键因素，但不少管理者却只会抱怨成员工作不得力。

其实据我了解，成员之所以发挥不出应有的实力，多数情况下要归咎于管理者没有做好自己的工作。

比如，没有制定目标，没有明确实现目标的过程，没有提供反馈……

正如前文介绍的，"最近工作顺利吗""项目进展如何""遇到了哪些瓶颈""需要我提供什么帮助"等，管理者的工作就是与成员沟通，弄清楚这些问题。

太多的管理者没有经过一对一面谈就断定成员工作不得力。

事实上，只要感到管理者很关注自己，并且愿意帮助自己，每一名成员都会全力以赴地工作。

此外，人力负责人也负有重要责任。很多人力负责人对玩忽职守的管理者的预判或偏见一概照单全收，不去确认员工"哪些工作做得不好""具体表现在哪些方面""评价的依

据是什么"，就随随便便地决定调岗，把他们换到无关紧要的职位。如果您的公司也存在这种判断错误的情况，请您务必与明白事理的人力负责人一起努力去改变公司。

◆ 创造机会也是管理者的重要职责

那么，管理者该如何对待干劲不足、业绩欠佳的成员呢？毋庸置疑，一个人做不好某项工作，并不代表他所有的工作都做不好。

前文以运动团队打比方时，曾经说过"团队不需要没有干劲的人"，不过另一方面，其实管理者还有一项重要职责，就是为这些业绩欠佳（低于目标）的员工创造机会。

也就是说，**"职业规划"也是管理者的工作之一。**

当然，在帮助成员进行职业规划之前，管理者必须弄清楚他今后在工作方面有哪些打算。

不过其实也可能很多员工缺乏自我认知，也就是不知道自己想干什么。

他们并不是有意向管理者隐瞒自己的想法，而是真的不知道。根据我的实际体会，这种类型的员工在日本企业中尤其多见。

因此，管理者首先要引导成员认识自我，思考自己将来想做什么，也就是要培养他们独立思考的习惯。

◆ 教练中的常见误区

很多管理者接受了教练培训之后，特别喜欢某一天突然找员工面谈："你坐好，现在我要为你提供教练。你对自己的职业生涯有什么规划？什么，没有想法？怎么会没有想法？这不是你自己的事吗？"

过去一起工作的 10 年里，他从未关心过成员的职业规划，如今却逼着对方马上说出答案。折腾到最后，他还很可能只因为成员未能回答出这个问题，就给他贴上"无能"的标签。

这样的管理者不合格。正确的做法应该是在不经意间提问，如走在路上时随意地问上一句："说起来我还没有问过你，你将来有什么打算吗？哦，你自己也不清楚啊……"

第一次问到这个程度就可以了，可以等到下一周再问问他："上周我问过你，将来有什么打算。后来你考虑过吗？哦，没怎么考虑啊……"

隔一段时间再次提问，可以让对方意识到自己需要思考这个问题。管理者不用明确要求成员去思考，也千万不要强迫对方。只要轻松随意地提出问题，之后静观其变就可以了。

成员意识到以后可能还会被问，就会开始思考，说不定回家以后还会和妻子商量。

"领导问我将来有什么打算，我没答上来。我到底希望自己做什么呢？"

"你过去不是常说想做 × × 吗？"

"是啊，是有这么回事，我都给忘了。谢谢你啦，下次他再来问，我就这么回答。"

于是，第三次就可以开始教练了。

"你将来有什么打算？哦，你是这么打算的啊。那么，努力做好这份工作，对你实现目标应该会有帮助。"或者也可以针对对方的职业规划提出积极的建议，比如"这样的话，与其在我们团队，不如到那个团队更合适吧？我去问问能不能给你调换一下"。

管理者只要定期创造机会进行类似的建设性沟通，就能了解每位成员的工作动机，为他们提供帮助。

这便是职业规划，也是管理者要履行的职责之一，即为成员创造机会。

作为更理想的教练形式，**管理者应该把教练融入平日里每时每刻的交流当中**，如"哦，你是这么想的啊。为什么会这么想呢?""我明白了。不过,其实应该不只有这一种选择吧?咱们一起想想有没有其他办法""那么,你今后需要我提供哪些帮助呢?"等。

在日常沟通中接连提出开放式提问(即允许对方自由发表意见,而不是只能二选一式作答)和反馈,每一分每一秒都是教练,成员可以在此过程中收获很多新发现,自然而然地发生转变。

◆ 管理者必须遵循的判断标准

前文提到过,管理者提供教练有一个前提,即必须考虑高层经营者对自己团队的评价。也就是说,**管理者要站在经营者的角度看待团队成员。**

作为经营者,自然希望能最大限度地让公司的所有员工人尽其才。如果看到员工做不好手头的某项工作就认定他能力不够,只能说明管理者看问题的水平太低。

站在经营者的角度思考问题,这是管理者必须遵循的一个判断标准。

如果员工的技能、兴趣与团队需要他做的工作不相符,那么他自然不会有好的表现。也就是说,能否使二者保持一致,关系到整个公司的业绩和成果。

不用说，获得与自己能力匹配的工作会显著提升员工的工作动力。研究发现，当**目的性、熟练度和自主性这三个因素都得到满足时，员工会拥有更大的工作动力**（图表 5）。

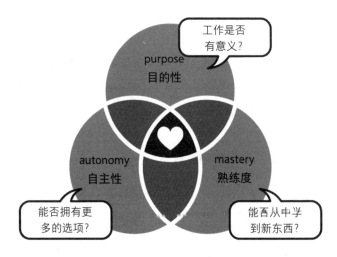

图表 5　工作动力结构图

管理者可以从以下 3 个角度确认每一名成员的工作能否提升他们的工作动力。

- **目的性**……工作是否有意义？
- **熟练度**……能否从中学到新东西？
- **自主性**……能否拥有更多的选项？

当然也可以用自己的方式直接询问成员本人。

让成员感到"公司确实在关注我的工作，允许我做自己想做的事情"，便能防止优秀人才流失。

可以说，只有能站在经营者的角度思考问题的管理者才是合格的管理者。

➡ 开放式沟通是新创意的摇篮

前文提到"抱怨和争执是好事"，因为明面上的抱怨和争执都是团队具有安全感和多样性的体现。

没有安全感，成员就不敢轻易流露出不满和牢骚，没有多样化思维，也不会产生不同意见的碰撞。团队成员应该拥有各不相同的价值观和思维方式，并且能够毫无顾虑地抱怨和争论，只有这种开放式沟通才能形成新的价值和创意。

◆ "多多益善的对立"与"尽量避免的对立"

从这个意义上看，管理者越早发现成员的不满，就越能尽快把成员引到建设性的方向上。

以情绪化的对立为契机，帮助对立的双方通过"你的诉求是什么""我希望实现××"等观点的沟通，体会到对方愿意倾听自己的诉求。这样一来，原本抱有强烈情绪的成员也会逐渐改变态度，提出建设性的意见。

虽然都是对立，观点上的对立越多，情绪化的对立就越

容易自动消解。为此，管理者需要提升团队安全感，让成员知无不言，言无不尽，说到底这也是一项重要职责。

不用说，对立不是找碴儿吵架，而应该是建设性的交流。

比如，面对别人做的资料，管理者可以用符合逻辑、具有建设性的方式表达自己的看法："我觉得这个地方可以这样改""这方面没有数据支撑，我觉得不太有说服力。"

然而现实中，有些管理者经常会做出一些不置可否的回答，比如"嗯……我也说不好"，这样的反馈恐怕无法进一步优化成员的创意。

还有一种敷衍的回答也很成问题，比如"嗯，不错"。

我认为**"激发创意"也是管理者的重要职责之一。**

比如，假设有一位成员提出自己想做某项工作，管理者可以询问其他成员："大家怎么看？这项工作对团队有没有意义？"如果反馈是没有意义，管理者可以组织大家一起探讨为什么没有意义，如果其他成员认为有意义，则可以一起讨论有哪些意义。在这个过程中，除了讨论成员最初提出的方案，还可能激发出其他创意。

这是提高效率的必经之路，管理者一定要带领团队实践这个过程。

◆ 最具建设性且最高效的关系

不过，**如果成员的价值观和信念不属于同一个大方向，团队可能就很难进行建设性的沟通。**

例如假设有一个负责培训的团队准备策划和组织一个培训，成员 A 倾向于"自上而下的方式"，成员 B 喜欢"自下而上的方式"。成员在价值观层面存在这种根本分歧时，很容易产生无法调和的摩擦。

只出现一次摩擦时，双方或许会选择忍耐，但忍耐自然坚持不了太久。长此以往，随着当事人的关系不断恶化，团队的效率也会越来越低。

本章开头介绍管理者有一项必须尽到的职责是"制定团队的任务（愿景和战略）"。只有确保任务清晰明确，才能从一开始就避免这种价值观层面上的分歧。

也就是说，如果团队的任务是"自下而上进行培训"，那么对无法认同这一点的成员，管理者应该通过反复的建设性沟通，从"人尽其才"的立场出发，考虑包括岗位调动等相应措施。

顺便告诉大家，我认为企业与客户之间也一样，只要拥有相同的价值观和信念，便能建立开放的合作伙伴关系，所以我的公司从不会直接向客户推销业务。

我们的销售推广活动归根结底就是"寻找伙伴"和"建立沟通"。

具体的做法就是组织与人才开发相关的活动，邀请有意向的职场人士来参加，其中自然会有很多潜在客户。他们原本就赞同我和公司的价值观，所以我们可以在活动中展开更深入的沟通，远比普通的推销要更为有效。

我们在这种情况下结成的是伙伴关系，而不是咨询公司与客户的关系。

比如，经常会有活动参与者对我说："彼得先生，你今天讲的内容真有意思。我们公司现在面临着这样的问题，真希望有机会与你一起合作。"

对我的公司来说，"合作"这一点非常关键。也就是说，我们之间不是 B to B（企业对企业）或 B to C（企业对个人）的关系，而是 B with B（企业与企业）、B with C（企业与个人）的关系。我们与企业客户或个人客户作为平等的合作伙伴，共同来解决问题。我认为**这种开放式的合作伙伴关系才是最具建设性、最高效的关系**。

第 4 章

用『每一个瞬间』打造最强

10人以下小团队

➡ 用"实验主义"提升集体智慧

我想介绍一份商业资料（其实只是两张 A4 纸），作为团队形成新创意的事例。这是我所经营的咨询公司 Pronoia Group 的企业理念，是我们在一名员工提出的草案的基础上共同制作的。

资料全文如图表 6 所示，其中的具体内容与本书主题有关，自然也很重要，不过我想说的是，这份资料是包括我在内的 4 名成员一起完成的，一共只用了 30 分钟。如果是大企业制定企业理念，哪怕只是这么两张纸的内容，恐怕也得花上 3 个月吧。

我能理解有些公司为什么会愿意花上 3 个月的时间，精心制作出一份极为重要的文件，不过在我看来，其实这只是完美主义的弊端。**追求完美就要牺牲速度**。正如上一章提到的，在商业坏境瞬息万变的今天，谁也不知道正确答案是什么，很多事情需要不断试错，所以速度才尤为重要。

Pronoia 的特色及其价值

特色 我们崇尚"快乐工作"。

价值 在这里能体验到"快乐工作"的氛围和感受。

变化 通过人与人之间的接触，重新定义"工作"，转变心态和行为，更快乐地工作。

具体特征
· 无论是公司内部的讨论，还是对外的讨论，玩笑都会与严肃的发言一样多。
· 除了逻辑，我们还会依靠直觉和情感进行沟通。
· 幻灯片力求内容有趣、色彩丰富。
· 我们交谈时的语气活泼轻快，一般使用日常用语。
· 我们在讨论工作或外出办事时会对周围充满好奇心、感受力和惊喜。
· 我们可以毫无顾虑地说"好累啊"，不存在不敢说、不能说的氛围。

特色 比起发现问题，我们更擅长及时地进行多次实验。

价值 不在发现和分析问题上浪费时间，迅速地创造出更好的解决方式。

变化 从减分思维转向创造性思维，实验比批评更重要。

具体特征
· 欢迎员工根据当时情况提出计划中没有的新建议。
· 只是"分享"问题没有意义。

特色 在这里，员工之间完全平等。

价值 可以体验上司与下属之间、男女之间、公司与客户之间的新型关系。

变化 通过人与人之间的接触，重新定义"人际关系"，转变心态和行为，构建更有建设性、充满爱的关系。

具体特征
· 上司与下属相互信赖，毫无保留地反馈意见。
· 彼此常说"谢谢""对不起"。

图表 6　Pronoia Group 的理念

特色　我们始终表里如一。

价值　成员之间永远保持透明的关系，不断提升对彼此的关爱和信赖。

变化　改变态度，创造更积极的状态，用建设性的方式讨论一些过去被视为禁忌的问题。

具体特征　在讨论开始前和结束后，及时、坦率地分享自己的感想和意见。

特色　我们注重魅力。

价值　大胆展示出自己内在的坦率正直。

变化　将自尊心和竞争意识转化为共同创造价值。

具体特征　提出严厉建议时也不忘加入可爱元素。

特色　我们追求超预期。

价值　激发对新鲜、有趣、奇特事物的好奇心。

变化　消除思维僵化，学会创造性、批判性地质疑常识。

具体特征　开会时故意开玩笑、调侃参会者，制造混乱。

特色　我们不推销服务。

价值　可以安心地置身于团队之中，享受工作带来的快乐。

图表 6　（续）

总之，管理者不要试图自己一个人做到尽善尽美，把工作完成到一定程度（草案、大纲等）之后，可以先问问成员们的看法："我做了一个方案，你们觉得怎么样？"大家围绕这件"样品"展开讨论的过程中，能得到各种各样的建议和反馈。接下来再进一步完善，速度就会快得多。

这就是我所说的"集体智慧"。也就是说，**要想获得集体智慧，必须摈弃"完美主义"，采用"实验主义"。**

因此在我的公司，绝大多数工作都是我与员工们一起讨论、共同推进的。

制定理念时也是如此，虽说只用了 30 分钟，但我们都各抒己见，坦率地讨论了怎样才能把它做得更好。

我们一边彼此确认"工作很快乐""应该尽快付诸行动"的原则，一边深入讨论了"咱们的服务应该超乎客户的预期""具体指哪些服务"等内容。

从内容来看，**"谈正经事时一定要开玩笑""反对意见要用枳秘的、充满魅力的方式去表达"**等规则都充分体现了我们公司的特色。

这些规则看似随意，但其实对提升安全感、营造无话不谈的氛围非常有效。

当观点出现对立时，情绪化的争论不会带来任何建设性的结果。即便要表达持反对意见，也应该用建设性的表达方式，针对创意本身提出建议，比如"这部分是不是还可以再增加一些亮点"等，而不应该谴责提出方案的人。

采用开玩笑和充满魅力的表达方式，能够对缓和情绪化对立起到立竿见影的效果。

→ 有了安全感，唱反调也没问题

在拥有足够安全感的团队里，管理者甚至可以随意地与成员唱反调。

我认为唱反调非常重要。因为**唱反调可以强烈刺激对方，调动情绪，帮助他摆脱常识和规则的束缚**。

只有打破固化的常识和规则，才能实现创新和优化。也就是说，要提高效率，必须敢于打破常识和规则。

比如，在提方案或做判断时，经常有人会以"大家都是这么做的"为理由。遇到这种情况，管理者就应该站出来唱反调："大家都做的就是对的吗？"这样才有可能激发出与众不同的全新创意。

我与公司员工开例会（很多时候是视频会议）时也经常会故意这样做。

"今天的周会怎么开得这么死气沉沉啊？"

"咦，我们没有死气沉沉啊。"

"不不，我是说，咱们应该多谈一些能切实推进工作的内容。"

例会不仅要相互汇报手头工作的进展，还必须提出推进下一步工作的选项，否则就失去了意义。

"这项工作还没完成""是吗，那你继续努力啊"，只是重复这种对话的例会没有任何意义，我所说的"死气沉沉"就是这个意思。如果按照目前的方法，无法进一步推进工作，那就说明现在的流程还不够顺畅。也许是因为缺少信息，也许是因为没有权限，总之一定有其原因。遇到这种情况，大家应当围绕解决方案增加各种选项，一起提出更具有建设性的创意。

→ 在与成员沟通中提升自我

管理者能否在与成员的交流中提升自我，对团队的集体智慧也很重要。

人可以通过与他人交流时得到的反馈，学到很多东西。学习的形式多种多样，并非只有参加管理者培训或者阅读经管类图书才是学习。

在平日与成员的交流过程中，管理者可以回顾自己的经历、调整自己的想法……每时每刻都能成为绝佳的学习机会。对成员来说，这种交流当然同样也是学习的好机会。

如果管理者和成员都能在交流中受益良深，那么这个团队必然充满了集体智慧，效率也会不断提高。

越是让人无暇思考其他无关事项的对话，讨论的内容越充实，双方学到的东西越多。

也就是说，即便只是普通的例会，管理者也应该从积极意义上施加一些压力。前文提到的"唱反调"也能起到创造学习机会的作用。

管理者突然抛出一个问题，成员必须立刻说出自己的意见，所以成员就会在平时做好准备。

这种积极意义上的压力能帮助成员更活跃地参与团队的工作，而成员的改变也能使例会变得内容更充实，成为探讨和交流的良机。

◆ 每时每刻都是绝佳的学习机会

"我们的敌人是现在的自己。"这是我一直以来的看法。**现在的思维定式、成见、偏见、妄想、敷衍……都会阻碍我们进一步提升自己。**所以，我们要不断突破现在的自己。为此，最有效的办法就是与持有不同观念或成见的人交流。

有时我们会恍然大悟："原来还可以这么想！"如果能将平日里的交流都视为宝贵的学习机会，借此不断修正自己的思维定式，就能高效地实现自我提升。

例会上的交流也是如此，只要有意识地关注这个方面，就能发现自己的思维定式和成见。

除了与他人交流，管理者在给成员提建议时也可以用自问自答的形式学习，即在说话时有意识地思考和调整，如"现在我说的这些话是否只是为了迎合成员，满足自己被认可的欲求？""这个想法从经营决策的角度来看是对的，还是错的？"等，这也是提升自我的办法之一。

➜ 工作沟通，质重于量

团队开会时经常出现这样一幕：只要得出一个结果，管理者马上就敷衍地宣布："行了，讨论出结论了。很好，散会吧！"

按理来说，这种时候应该继续交流，探讨"还有没有更进一步的优化方案""这样做会不会有风险"等问题。

将讨论得出的结果付诸实践固然重要，但质要比量更重要，为了追求量而牺牲质就是本末倒置了。

日本也有越来越多的大企业引入了引导法和一对一面谈机制，然而我实际来到现场，却发现他们这样做并不是为了取得更多业绩，而只是把这些作为推进工作进度的方法和手段。

很多管理者对照成员交上来的工作计划逐项确认："这项工作已经完成了，那项还没完成"，每位成员只用3分钟就谈完了，这就是典型的重视量而忽视了质。管理者应该明白，在工作沟通中，质比量更重要。

◆ 每个被打乱的计划都是学习的良机

假设成员拿来了一份工作计划，管理者在沟通中发现他制定的日程其实完全不现实。这种情况下，管理者应当建议果断放弃："这份计划就算了吧。你再好好想一想，咱们明天重新找个时间谈。"勉强推进一份有问题的工作计划，到头来难免触礁，只会白白浪费了时间。

很多管理者不太愿意重新规划已经处于进行中的工作计划，可能是担心这样会影响团队的短期业绩。

站在长期绩效的角度考虑，计划取消后必须采取灵活的应对措施，这种能力极为重要。放弃执行中的计划，就是学习这种技能的良机，所以管理者不要惧怕。

➡ 靠计划不能提高效率

谷歌面向全体员工的培训中包含**无意识偏见**（unconscious bias）和**打破偏见**（bias busting）的相关内容，因为每个人都有自己没有察觉到的偏见，管理者应该引导员工意识到并消除偏见。

我们在各种不同的场景中，都有可能会表现出成见和偏见。前文提到的"工作计划必须严格执行"也属于一种偏见，也就是思维定式。

在讨论工作的过程中，有时会发现一直执行的计划其实是有问题的，这时就应该打破思维定式，朝着建设性的方向修正计划。如果发现自己之前确定的前提是错的，就应该当机立断，放弃基于成见或偏见得出的结论。

在日新月异的商业环境中，依靠计划无法提高效率，要实现高效的目标，必须依靠前文介绍的**"学习主义"**。谷歌在培训中加入关于偏见的内容，也是为了推行学习主义。

◆ 重要的是成果，条条大路通罗马

对于自己制定的工作计划，管理者也应该摒除成见、偏见和思维定式，做好随时调整的准备。

可能有些管理者认为"我是领导，必须把最精明能干的一面展示给成员"，这其实也属于思维定式的一种，只会妨碍建设性调整，我建议大家立即改变这种想法。

举一个极端的例子。"今天，我来介绍咱们的工作计划。"管理者兴致勃勃地开始讲解。这时成员慌张起来："不好了！您身后着火了！"然而管理者却置若罔闻："好了，没事儿。大家安静听我把工作计划讲完。""可是已经开始冒烟了……""吵什么吵！"

如果有哪位管理者在着火时还要坚持讲解他的工作计划，大家一定会觉得他很荒唐，但在现实中，类似的情况却比比皆是。

比如，成员提议调整工作计划："领导，因为出现了一些情况，工作计划里的这个部分需要留出更多的时间。"管理者却坚持要求按既定计划执行："不行，按我说的做！"成员只得极不情愿地服从命令，这种情景是不是很常见？

相比之下，也有一些管理者会说："之前的计划不重要，我更看重你的想法。"这种态度看似没有主见，在某种意义上说也不够威风，但在必要时适当地调整计划，就能有效地提高成员的工作积极性。

至于哪一种管理者是真正能干，我想答案不言自明。**如果大方向变了，管理者更应该随机应变，及时采取灵活措施调整计划。**

总之，重要的是成果，是输出，取得成果的道路不止一条。有些管理者不明白这个根本的道理，才会抵触随时改变对策的做法，固守既定的工作计划。

其实我也能理解这类管理者重视计划的心理。他们信奉经验，认为只要遵循既往流程，就能像以往一样取得成果。然而遗憾的是，坚持这种做法就无法利用集体智慧来提高团队效率。

➜ 欢迎"创造性混乱"

在调整工作计划时，管理者需要从经营者视角决策。

团队目前的工作对整个公司有什么意义？团队的业绩是否与成员的薪水总额相匹配？是否每一名成员都有所提升，能完成更艰巨的工作？**管理者必须像这样站在经营者的视角看问题，做出各种决策。**

当然，经营决策很难，远不是读完一本经管类图书就能弄明白的。

不过管理者还是应该根据身边的线索，参考自己的上司或上司的上司对团队的评价，尝试着从经营者视角去考虑问题。因为毕竟团队的预算、人员聘用乃至团队的存亡都是由他们决定的。

◆ "创造性混乱"源自唱反调

在我看来，经营者视角可以从本质上归结为对"影响力"和"成长"的不懈追求。在任何商业环境中，影响力和成长幅度都是越大越好。

比如，前文提到了唱反调的重要性，这是促进团队成员不断成长的手段之一。

唱反调能推动团队进入创造性混乱（creative chaos）的状态。 在很多新创意的形成过程中，前期往往都是看似胡闹的混乱状态。唱反调可以有意识地为团队提供孕育新创意的摇篮。

当团队处于混乱状态时，为了尽快摆脱这种状态，成员会更专注地思考问题，采取行动。这是每一名成员乃至整个团队实现提升的宝贵机会。

养成了摆脱创造性混乱的习惯，成员面对任何情况，都不会停滞不前或不知所措。"糟了，不过可以试试这个办法！""我试了这个措施，您觉得怎么样?"成员会成长为比管理者更具行动力的人才。

◆ 别做 "旧精英"

然而令人头疼的是，到现在仍有一些日本大企业的管理者，因为顾虑失败后自己被问责，或者受限于公司的其他惯例做法，经常会阻止基层员工主动工作（有时甚至连经营者也会这样做！）。

这完全违背了经营决策的核心，与影响力和成长背道
而驰。

**我把这样的人称为"旧精英"，因为他们与创造全新价值
的"新精英"截然相反。**图表 7 列出了新旧精英的简要对比，
具体内容可参考拙作《新精英（*NEW ELITE*）》，其中有详细
介绍。

	旧精英	新精英
特性	贪婪	利他主义
需求	社会地位	影响力、社会贡献
行为	计划主义	学习主义
人际关系	封闭式（歧视）	开放式（建立社群）
思维方式	循规蹈矩	制定新规则
消费行为	炫耀性消费 *	极简主义

图表 7　旧精英与新精英

* 以突显自我为目的的消费。为获得社会威望而购买昂贵商品的炫富消费也属于
其中一种。

来源:《新精英》（彼得·费利克斯·格日瓦奇著，大和书房出版）。

如果公司里有很多旧精英占据着要位该怎么办？我的建
议十分简单粗暴，就是"最好直接辞职"。第 6 章的最后部分
还会详述这句话背后的含义。

旧精英不适合在初创企业担任领导者，因为这种企业必
须在短期内开发出新型商业模式。

　　初创企业除了必须创造出新价值，同时还要得出可量化的成果，以便向为团队提供资金的人们交代。

　　也就是说，初创企业的管理者不能固执己见，一味守着自己的想法和流程不放，他们必须积极借助比自己更优秀的团队成员们的力量，在工作中随时调整策略，追求影响力和成长。

　　我希望所有团队管理者都能像初创企业的领导者一样，站在经营者视角看问题。

➜ "混乱"与"常规"并不矛盾

一位在日本大型制造企业工作的女士与我分享了一个惊人的发现："不希望公司和工作发生变化的管理层大叔都有一个共同点，彼先生，你知道是什么吗？答案就是他们的穿戴都特别时髦！"

后来我仔细观察了一番，发现确实如她所言。越是看起来无事可做的旧精英，打扮得越精致。他们不仅穿着做工考究的西服，还戴着各色各样的配饰，感觉每天都要花很多时间精心搭配。

他们为什么会有这么多闲工夫？说起来，我只穿黑色的衣服，原因很简单，因为我舍不得把时间浪费在挑选衣服上。白色的衣服也不是不行，但如果溅上了咖啡会很明显，于是我就一律选择污渍不显眼的黑色。我希望能从清早就专注于工作，不想为穿什么衣服等琐事费心思。

爱时髦的旧精英们大概只做常规工作吧。我每天都要讨论方案，总是处于创造性混乱之中。他们则不同，常规工作中没有混乱，所以才有工夫考虑如何穿搭。

当然了，如果一天 24 小时都处于混乱之中，总是没有规律可循的话，人一定会疲惫不堪。从这个意义来看，在工作中也需要自己制定一些规则，也就是常规。

所以我是这样划分的：**在不想受成规约束、希望自由思考的工作中注重混乱，在其他不想浪费时间的事情上注重常规。** 除了服装穿戴，我对所有常规事务都尽可能采用"自动化"模式。

旧精英可能与我恰恰相反。他们在工作中注重常规，而对穿搭以及其他简单工作却往往要故意弄得很混乱，无谓地浪费时间。

◆ 常规工作自动化是提高效率的必杀技

第 6 章将会详细介绍，**实现日常事务等常规工作自动化，是增强集体智慧，提高团队效率的重要举措。**

每天的工作中，肯定会有一些让成员们感到厌烦的内容，多数情况下都是与成员能力不相称的简单事务。管理者可以将这类事务尽量自动化，以便成员精力集中去做他感兴趣的、更能发挥能力的工作。

为了帮助成员实现成果最大化，需要完善相应的设施、制度和机制，这也是管理者的职责。

➡ 教练就是要帮成员"在游戏中得高分"

管理者为成员提供教练也属于一种教育，不过教练的目的不是让成员去参加考试，而是教会成员如何在游戏中获得高分。

资格考试都会有一些必须记住的知识点，考试题目也有一些固定的解答方法，教育就是传授这些内容。不过如果考试满分是 100 分的话，无论考生再怎样努力，分数也不会超过 100 分。

游戏就不一样了，玩家要面对的新任务层出不穷，令人应接不暇。同时，玩家的分数也会从 0 分逐渐增加到 10 分、100 分、1 000 分。**只要教练和本人足够努力，拿下 1 000 万分也不是不可能。**

也就是说，教练需要管理者和成员在交流中一同思考，像玩游戏一样，根据每时每刻的情况灵活应对，最大限度发挥出成员的能力。

◆ 随时反馈，越快越好

管理者应该怎样培养刚进入团队的新人？很多公司都有入职培训，可以帮助他们在一定程度上掌握一些工作技能，这种正式的培训自然十分重要。

不过只靠这些培训，新人是无法成长的。**他们终究还是需要在每天的具体实践过程中，通过与管理者的不断交流得到提高。**

比如，管理者交代新人制作资料时，不能只说一句 "明天下班前做完"，就把工作整个抛给他，而是应该先问问："我们一起来做。这是 ×× 项目要用的资料，你觉得应该怎么做？""哦，你是这么想的啊。按照你的方法，确实能把这个部分完成得很好，不过要想提供更多价值，还要再加上这个部分的内容。你觉得呢？"

"我明白你的意思了。你在网上搜索这个关键词，应该就能找到相关信息，你先看一看，考虑一下，然后我们再一起讨论。"

经过类似的反复沟通之后，管理者可以告诉他："不用追求完美，今天先做一份初稿就行。"

新人完成初稿以后，管理者还可以与他进一步沟通："嗯，做得不错。这个视频很有意思，这张图用得也很妙。如果把文案再这样改一下，应该会更好一些。"

成员当天完成的内容尽量当天讨论，最好能当场给予反馈，这个环节非常重要。管理者为此需要坚持每天与下属交流，这就是教练。我反复强调"每一个瞬间"，指的就是这一点。

管理者随时提供教练式指导，能给成员带来安心感和信赖感，成员感到自己得到了管理者的关注，便会拥有安全感。只有这样，团队的业绩才会不断提升。

➔ 变"反馈"为"前馈"

前文多次提到"反馈"，其实**"前馈"（feed forward，指提前预测结果，调整行为）更重要。**

说到反馈，大多数交流往往会这样收尾："这次失败了。这个部分没做好，那个部分也不太顺利。"

前馈则不同，它不是工作完成之后的总结，而是在开始工作之前进行的沟通。比如"你打算为这项工作做哪些准备？""我打算这样准备。""那你恐怕漏掉了××。这种风险最好提前做好防范措施，否则搞不好会出大问题。你看呢？"

当然，我并不是说不需要反馈。我想说的是，**只有能体现到下一次前馈中的反馈才有意义。**

比如，我每个月会面向职场人士举办"未来论坛（MIRAI FORUM）"。活动之前，我会与成员们一起通过前馈的形式来出谋划策，然后活动结束后，我们还会马上开会总结经验教训。

"大家来说说这次活动中有哪些成功的和不太成功的

部分。"

即使活动之前已经做过前馈，也还是会有一些值得反思的问题。

"那咱们再一起想想，下次怎样才能避免这种情况。"

这些反馈的结果会自然而然地体现在下一次活动的前馈中。

成员的业绩就是在不断积累及时的前馈和反馈的过程中提升的。

这也是"每一个瞬间"对团队的重要作用。

→ 借助正念状态专注于沟通的每个瞬间

"正念（mindfulness）"是职场人士时下关注的热点。很多人把正念理解为通过冥想进行心理训练的一种方法，我对此有一些不同的看法。

陈一鸣曾在谷歌担任自我成长负责人，他开创的人才培训课程"探索内在的自己"（Search Inside Yourself = SIY）也很有名，这个课程就是正念为基础构建的。简单来说，SIY课程就是传授如何冥想，让参加培训的人回顾自己的人生，写出脑海中浮现出的词语等，很受谷歌员工的欢迎。不过我亲身体验过之后，感觉不是很适应，因为他的方法中含有一些以自我为中心的特点。

不过在《硅谷最受欢迎的情商课》（*Search Inside Yourself*）这本书中，陈一鸣写道："我认为正念是'单纯的存在'状态时的心灵。你真正需要做的，是每时每刻都活在当下，不做评判，就这么简单。"这段话我非常认同，**正念的核心就是每时每刻都活在当下。**

遗憾的是，日本对正念的理解更偏重于其对改变个人生活方式的作用，而不是将其看作一种有助于提高工作效果的方法。

其实正念完全也可以用于工作沟通，它能帮助管理者和成员之间实现建设性交谈、具有深远影响力或能让人学到东西的沟通等。

在正念状态下，人们会专注于交流的每个瞬间，能集中注意力去思考如何创造出更高品质的选项，这正是所有职场人士都需要的精神状态。

➜ 每个瞬间都可用来提升团队灵活性

管理者对成员的实时指导还有助于提高团队灵活性。**灵活的团队能够自如应对各种变化和突发情况。**提高团队的灵活性也可以视为管理者的一项重要职责。

假设我们为培训活动精心准备了演讲 PPT，可当天只来了三名听众。这种情况下，应该取消课程吗？还是按照原定计划，用为几十人准备的资料正常授课呢？这需要灵活应对。

面对上述突发情况，不能凭一时冲动当场取消活动，而是应该思考怎样才能最大限度地用好当下的所有资源。也就是说，需要随时做出灵活判断，运用现有资源来随机应变。

比如在遇到上述情况时，我可能会当场提议："咱们把会场改到餐厅吧！大家一边用餐，一边随意地聊一聊今天的主题。"

面对管理者提出的应急提议，成员也应该灵活应对，这才是最理想的团队。此外，**管理者随机应变的做法也为培养成员灵活性提供了很好的示范。**

◆ 团队成功离不开灵活及时的指令

想象一下教练指导运动员的做法，或许更有利于理解实时判断的含义。

训练时，教练会细心观察运动员的每一个动作细节。除了训练当中的表现，他还要关注运动员的表情和声音，然后针对运动员的表现和精神状态随时给出具体的反馈和建议，消除可能阻碍运动员成长的精神、技术及体力上的障碍。

不过在比赛中，教练不会给出反馈或建议，因为这会让运动员不知所措。到了休息时，教练会酌情做出简短指示，这也属于实时判断。工作中的团队要获得成功，也离不开这种灵活及时的精准指令。

另外，队员会不会忠实地执行教练在训练时的建议和比赛时的指令，要取决于教练能否与队员建立起相互信赖、相互尊重的关系。

在工作团队中，管理者和团队成员的关系与此基本相同。**管理者通过反复的前馈和反馈激发成员认识自我，促进其不断成长，此外还必须提出明确指令，确保团队取得业绩。**要实现这个目标，关键在于团队的安全感，也就是管理者和成员之间的信赖关系。

我要再次强调，如果管理者不能尊重、信赖每一名成员，团队就无法在他的领导下实现建设性的运转。

也就是说，管理者只有平时与成员建立了敢说真话的关系，团队才会在关键时刻听从他的指令。换句话说，**要增强集体智慧，提高效率，成员们需要具备在 "执行自上而下的指令" 和 "自下而上主动工作" 这两种模式之间自由切换的能力。**

比如在前文的事例中，如果员工没有灵活的思维模式，无法随机应变地把会场改换到餐厅，我的这个提议就只能不了了之。

➡ 提前把标准告诉成员

管理者常有"成员不听从自己指令"的烦恼，很多人也只会用情绪化地发泄愤怒的方式来应对这种局面。

我要再次强调，**管理者在发飙之前，应该好好反思，自己是否与成员建立了信赖和尊重的关系**。此外，管理者的指令必须从经营者的视角出发，微观管理是不会带来任何成果的。

这与驾校的上路教学可能有几分相似。学员拿到临时驾照上路后发现，路上的车辆川流不息，行人也熙熙攘攘①。这个阶段原则上应该由学员驾驶，但遇到紧急情况时，教官必须立即踩下刹车。

为了建立彼此信赖和尊重的关系，管理者有时候也需要采取这种严厉态度。

---

① 日本驾校要求学员先通过校内技能理论考试拿到临时驾照，然后进入实际上路教学阶段，最后才能考取驾照。

◆ 规则可以避免浪费时间

不过如果管理者只是接连发出各种严厉指令，成员很容易陷入一头雾水的状态，所以我建议管理者要先把自己的"判断标准"公之于众。

我对待成员有一个标准，那就是找我讨论工作时，他们必须要拿出"能推进下一步工作的预案"。

比如，管理者和成员讨论一份资料，成员说："这是我写的初稿，请您过目。"我接过来一看，他写得太过粗略，简直就是初稿的初稿的初稿。对这样的内容，我实在不知道该做何反馈。

"按照现在这个情况，咱们讨论不出任何结果。你要占用我的时间，就应该先把初稿做好。比如你可以拟出 A、B、C 三个方案，让我选择哪个更好，或者先让大家看看，其他人都觉得可以了再来找我确认。"我想我会像这样让他把初稿拿回去重做。

你想通过讨论从我这里得到什么结果？让我发表意见？做决定？拨预算？如果无法推进下一步工作，找管理者讨论就没有任何意义。

遗憾的是，日本的大企业经常上演下面这一幕。成员把一份粗糙的草稿拿给管理者，管理者指示："把这里改一下。""好的。"他第二次拿过来，管理者又说："把这里再改一下。""好的。"第三次终于得到了管理者的认可："嗯，做得不错。""谢谢夸奖。""那就推进下一步吧。"这样的沟通不可能提高团队效率。

在谷歌，员工把方案拿给高层管理者时，高层管理者并不会因为内容不过关要求他修改，而只是随意地收下资料。很多时候，因为约不到下一次见面的时间，这项工作便不会再有机会讨论了，毕竟上司也很忙。这种情况表示"你还需要继续努力，有了更吸引人的方案再拿给我看"。占用高层管理者的时间，必须拿出能让他感兴趣的方案，否则就是浪费双方的时间，这在谷歌是一个常识。

➡ "终身学习"需要"反学习"

有一个词叫作**"学习敏锐度（learning agility）"**，含义接近"每时每刻的学习"，不过其本义可能与**"成长型思维"**更接近，其中包含行动的意味，对团队管理也非常重要。

在向前奔跑的同时，思考现在发生了什么、为什么会发生、如何改善现状，管理者和团队成员都应该具备这种能力。

正如第3章介绍的，商业环境的变化不断加速，而且越来越复杂，这是一个没有标准答案的时代。

不仅如此，随着数字化技术的普及，科技成本降低，商业领域日益走向"民主化"，人人都可以独立挑战任何工作。共享经济等"不需要庞大本金的商业模式"也层出不穷。

网络上充斥着海量信息，谁都可以学习，谁都可以创业。也就是说，当众多个人成为大企业的竞争对手，大企业战败的可能性也在日益增大。

在这样的时代，**除了学什么，怎么学也变得越来越重要**。因此，学习敏锐度或成长型思维具有重要意义，也就是说，人们需要在奔跑的同时学习和思考、在思考的同时学习并奔跑。

　　学习敏锐度还包含"终身学习"的含义。比如，编程这门课程并不是上完课就结束了，而是需要每天继续学习。尤其编程技术时时都在发展，必须做好终身学习的准备。

　　不过也要注意，为了终身学习，还需要**"反学习"**（unlearn，**摒弃不符合时代要求的做法**）。意识到自己的思维模式落伍了，就要迅速消除，接受不同的思维模式，尝试不同的行为方式。这就是学习敏锐度，也是我所说的**"每时每刻的学习"**。

➡ 活动前、活动中、活动后的三次"反思"

"反思"也是学习敏锐度的重要一环。据说美国流传着这样一句话："Reflection before action, Reflection in action, Reflection after action."这里的"Reflection"是"深思熟虑、反省"之意，也就是反思。这句话翻译过来就是：**"在行动前反思，行动中反思，行动后反思。"**

比如，我们在与他人会面之前，应该先认真思考自己打算怎样和对方交流、希望得到什么结果，这会使会面更具有建设性。

然后在交谈的过程中，要根据随时出现的情况将对话引向积极方面，在交谈中不断思考，如对方更容易接受哪种问题，如何说明更便于对方理解等。

接下来，会面结束后，还要再反思自己采取的哪些方式得到了什么反馈，下次要怎样做才能得到更好的效果等。

在工作团队中，预会（pre-meeting）相当于"行动前反思"。每次召开会议之前，我都会花几分钟时间再次确认会议议程，思考为什么要这样安排，应该如何推进，希望通过今天的讨论得到什么结果等。

会议开始后，就相当于在"行动中反思"。开会时除了考虑正在讨论的内容，我还会关注成员的状态。如果有人说"我有点头疼，反应可能比较慢"，我就会灵活安排，比如不再跟他唱反调，或者说话时放慢语速，缓和语气等，因为成员的状态好坏也会影响到讨论的结果。

专注于当下的每一个瞬间，在关注每位成员的同时推进会议，这对提高沟通质量非常重要。

◆ 好团队离不开"反省"

前文介绍了煤炉公司的工作总结会。当工作过程中出现了某些问题时，成员能如实汇报，不推诿责任，团队一起讨论可以通过哪些机制或方法避免同样的问题再次发生，这就是**"行动后反思"**。

虽然"反省"这个词带有一些负面色彩，但这是提升团队所必不可少的过程。

我每个月都会抽出一天的时间，与员工一起反思团队的目标、目前面临的工作内容及具体流程等。我们会从"最近怎么样"开始，逐步讨论到"还有哪些方面有待提高"等话题。

我还会与所有成员一起，深入探讨即将开始的工作，包括这项工作是否真的很重要，不重要的话能否取消，如何将更多时间用在更具影响力、更有助于提升自我的工作，目前的工作中是否包括无用功等。

当然，我也会请大家向我提要求。比如，如果哪位成员在工作中遇到了瓶颈，那么他可以具体谈一谈需要我提供哪些帮助。

➡ 持续改善工作环境

在人力资源领域，大家越来越重视**"员工体验"**（employee experience）的概念，即从整体上考察员工从入职到离职期间在公司经历了哪些体验，考虑如何为员工打造宝贵的瞬间和最佳体验。

这种观点与以往的自上而下的人力管理方式完全相反。在自上而下的管理方式下，人事部门会制定规章制度，要求员工遵守，规定员工必须为公司做到的各种任务。

相比之下，**注重员工体验的管理方式更关注员工在公司的感受**。比如新员工入职后，部门管理者有没有把他介绍给其他成员，新员工的工位是否整洁，有没有组织欢迎会等，这些都会影响到员工体验的质与量。

公司要为员工提供怎样的办公环境、工作方式和福利待遇，才能使每一个人在每时每刻都能拥有更好的体验呢？企业必须打造出让员工乐于工作、便于工作的办公环境。

当然，团队也可以为成员提供更好的员工体验。

管理者每天和成员一起工作时，可以动员大家一同思考怎样才能让工作更轻松便利，只要坚持不断改进，任何日常工作都能变得更开心。

比如，大家可以一起制定像图表 6 (96 页) 一样的 "理念"。如果已经有了团队理念，也可以定期修改，精益求精，让它就像大家自己平时说的话一样自然顺畅。

图表 8 是图表 6 的精华版。首字母 P.I.O 出自我的名字 (Piotr)。从这里可以看出，我们 Pronoia Group 公司的员工希望在公司实现 "像游戏一样工作 (play work)" "开创先河 (implement first)" 和 "提供惊喜 (offer unexpected)" 的体验。

工作中总有一些煎熬、痛苦的时刻，也就是黑暗的部分，管理者的职责就是要想办法去解决这些问题。

当然，这与学习敏锐度密切相关。**成员在奔跑中学习时获得了何种体验，对于提升集体智慧也具有重要意义。**

◆ "快乐" 来自日积月累

注重员工体验并非难事。以我为例，我在谷歌工作时曾经有一位团队成员，如今在美国开了自己的公司。最近，他给我发了一张我们当年在谷歌工作时的万圣节照片。在这张

Play work（像游戏一样工作）

· 谈正经事时一定要开玩笑
· 随时表达 "谢谢" "对不起"
· 用积极的、富有魅力的方式表达反对意见

Implement first（开创先河）

· 自己不愿实施的建议不要提供给客户
· KPI 由自己决定
· 欢迎新型失败

Offer unexpected（提供惊喜）

· 提建议时比对方多想三步
· 帮助对方陷入混乱，从而找到新创意
· 拒绝违背原则的提议，提出代替方案

图表 8　Pronoia Group 的 "P.I.O"

抓拍的照片上，可以看到办公室里装点着橙色的树木和装扮各异的团队成员们。

他想表达的意思是 "当时好开心，真怀念那段美好时光"。注重员工体验，就是要给员工制造许多这样的经历。

比如管理者总是在团队成员的生日买来蛋糕，或者出差回来一定会带回手信等，一件件小事日积月累就成了员工体验的一部分。

成员感到在公司很快乐，也就是对工作和团队感到了共鸣。为了实现这种状态，**管理者需要照顾成员的感受**。

要增强共鸣，必须学会 "预测未来"。也就是站在对方

的立场，提前设想"我做出这样反应的话，对方会是什么感受""我这样说，对方会怎样想"，这就是照顾成员的感受。

管理者要注意，尽量不要给成员带来不好的体验，所以需要考虑哪些表达方式、待人方式能避免让对方不愉快。

也就是说，在管理团队时，管理者需要照顾到每一个人，对不同性格的成员采用不同的表达方式，才能让他们敞开心扉，激发出更多的创意。

◆ 把成员的体验看作一段"旅程"

据说员工体验的概念最初来自营销领域。

营销理论中有一个"消费者旅程（customer journey）"的概念，把顾客认知商品和品牌的契机、过程到达成购买的整个经过比喻为一段旅程。

顾客如何接触到这家公司，被其商品或服务的哪些地方吸引，如何查找信息，在哪家店铺或网站、通过何种形式购买，以及如何使用商品，最后丢弃到哪里……

消费者旅程理论关注消费者购买商品到用完抛弃的整个过程，寻找哪些接触点能为顾客带来最佳体验。

员工体验的概念与此类似，也就是要考虑从录用、工作到离职的过程中，如何为员工提供宝贵的瞬间和最佳体验。

第 5 章

用更少的人做更多的事

➡ 对待团队成员要“因人而异”

前一章的最后提到管理者要时刻关照到每一名成员。我在工作中，对不同的人会采用完全不同的沟通方式。因为我觉得**要想建立良好的人际关系，沟通的内容和方式都必须能获得对方的信赖。**

比如，有的成员属于精力旺盛的类型，常常大谈自己的英勇往事。对这样的人，如果只是轻描淡写地回应，很容易让他以为我对他不感兴趣，所以我也会提高声调，热情地回应："是这样啊！真厉害！""多谢了！"就算只是尽可能地称赞，也很容易与他建立起良好的人际关系。

反之，对于总是比较低调、不太喜欢别人做出夸张反应的淡定派，采用和他一样平静的沟通方式可能会更好。在交流中给他们留出仔细思考的时间，就能提高沟通质量，建立良好的人际关系。

当然，管理者对每一名员工应尽的职责都是一样的。在工作中必须平等对待，决不能给这个人反馈却不给那个人反馈，或者给一些人机会却不给其他人机会。人事考核当然也必须采用同样的标准。

总而言之，**为了建立融洽的人际关系，管理者可以根据不同对象换用不同的表达和待人方式，但对成员的工作则必须一视同仁，否则就无法得到信赖。**

◆ 一对一面谈也可以因人而异

第 2 章提到一对一面谈的时间属于成员，还介绍了我用一对一面谈的时间倾听一位女员工的个人烦恼的经历。

一对一面谈也应该根据每名成员的不同特点采取相应的形式。我在谷歌工作期间，每星期五下午 3 点 30 分都会与一名女员工进行一对一面谈，时间大约是 1 小时，形式是在六本木新城的酒吧里一边喝着红酒一边谈。

这种"边喝边谈"的形式当然是她提出的，因为这名员工特别喜欢尝试新鲜事物，我也就同意了她的提议。

每星期五下午 5 点，谷歌会举办一次 TGIF（"感谢谷歌，终于到星期五了"，改自"感谢上帝，终于到星期五了"）交流会，会场设有食物和饮料，几乎所有员工都会参加。我和这名女员工的面谈就相当于把这个交流会提前了一些，所以从 3 点 30 分开始就喝上一两杯红酒也不要紧。

在酒吧里进行一对一面谈的效果很好。她总会提出各种话题，和我展开头脑风暴，最终形成了多个项目。

总之，不论是一对一面谈，还是平日里的沟通，**管理者都要充分了解每一名成员的想法和愿望，这样才能提高他们的工作动力，带动整个团队的效率提升。**

◆ 一对一面谈对了解成员的愿望不可或缺

在了解成员的愿望方面，一对一面谈可以发挥重要作用。在每周一小时的面谈中，管理者与成员应该有聊不完的话题，如工作进度、职场上的人际关系或者工作之外的烦恼等。

然而，有很多日本大企业的管理者常说："我知道一对一面谈很重要，就是不知道能谈点什么。"

我感到很不解，难道他们没有好奇心吗？对别人没有任何兴趣吗？

在来到现在的公司之前，每一名员工都曾有过各种经历，每个人的信念和价值观也各不相同。虽说是每天都见面，但也会有很多话题可聊，不可能出现无话可说的情况。

只要管理者能在交流中深入倾听，大多数人都会很愿意讲出自己的人生经历，当下的"愿望"就建立在以往的人生经历之上。我认为不会与成员进行深层沟通的管理者是不合格的。

说得更直白点，就是不理解别人内心的管理者指挥不动团队成员。

◆ 对待成员要看他的"能力"和"意愿"

根据成员的能力（Skill）和意愿（Will）采用不同的沟通方式，也能提高团队的效率。

图表 9 所示的管理模式叫作**"情境领导理论（situational leadership）"**，指管理者根据成员的能力和意愿，采取 4 种不同类型的管理模式。

- **授权**……适用于能力和意愿都比较高的成员。除了定期表扬、赞同，管理者还可以提出质量指标，与其共同管理风险

- **鼓励**……适用于能力高、意愿低的成员。管理者可以通过说明工作任务的重要性并表达感谢，调动其积极性

- **指导**……适用于能力低、意愿高的成员。管理者应该提出明确的基本要求和期望，随时提供教练和帮助，促使其成长

- **指令**……适用于能力和意愿都比较低的成员。管理者应明确说明工作的目标、流程及原因，随时了解其理解程度，将工作任务转化为促进成长的机会

		意愿（Will）	
		低	高
能力 （Skill）	高	"鼓励" · 说明工作任务的重要性 · 表达感谢 · 调动积极性	"授权" · 定期给予表扬和赞同 · 提出质量指标 · 共同管理风险
	低	"指令" · 明确说明目标、流程以及原因 · 将工作任务转化为成长机会 · 随时确认其理解程度	"指导" · 将工作任务转化为成长机会 · 明确基本要求和期望 · 随时给予帮助 · 提供教练

图表 9　情境领导理论

◆ **适用于所有人的沟通原则**

此外，还有一些沟通原则适用于任何类型的人，我建议管理者与所有成员接触时都遵循这些原则。

原则共有三项：**和善、严厉和魅力**。

首先是"和善"，即英文中的"Kind"，也有"为对方着想"的含义。笼统地表扬对方做得好虽然属于"和善"，但还算不上"为对方着想"。要告诉他具体好在哪里，这才是真正意义上的"为对方着想"。

其次是"严厉"。工作必须要取得一定的业绩，所以管理者有时也需要亮出"严厉"的一面。为了帮助落后的成员取得业绩，管理者在必要时应该严厉地指出问题，如"你没有在规定时间内做好××工作"，这也是管理者的职责。为了确保关键时刻的批评能行之有效，平时也要注重培养成员的安全感。

最后是"魅力"。或许有人觉得这一项难度最大，说到底就是管理者能够作为一个普通人展现出自己的魅力。正如第 2 章介绍的"主动袒露弱点的管理者更强大"，管理者要敢于坦率地承认失败。只要管理者尊重"任何人都有可能犯错"这个前提，言行自然就会有魅力。

➜ 管理者与成员的最佳比例

要保证每一名成员都能得到充分的一对一交流，团队人数自然也会有上限的制约。

谷歌一般认为，每名管理者最多能带好 7 名成员，再努力也不应该超过 10 名。而按照日本瑞可利公司（Recruit）的观点，理想的团队规模则是每名管理者领导的成员不要超过 6 名。

日本企业的通常做法与上述两种观点都不太一样。因为日本企业一般会给每名成员再搭配一位助理，让两个人干同一份工作，效率自然提不上去。

谷歌的具体做法是在管理者下面配置 3 名副职管理者，每名副职管理者再带 3 名成员。在这样的结构之下，即使整体规模超过 10 人也能保证较高的工作效率，团队管理也会更有建设性。

我认为每名管理者带的成员最好不要超过 7 名，因为每人要用 1 小时来进行一对一面谈，都排在同一天的话，就要

花上整整一天。如果人数再继续增加，管理者就无暇制定长期规划、完成自己的工作，或者不得不缩短每名成员的面谈时间了。

这样下去，管理者很难管理好成员。

顺便介绍一下，谷歌规定每周的一对一面谈时长是 50 分钟，还有 10 分钟为移动时间。另外，谷歌安排会议时一般都以 30 分钟为单位，其中 25 分钟用来开会，还有 5 分钟是移动或者其他事务的时间。

➡ 至少需要 3 种类型的成员

有一个著名的策略叫作"迪士尼策略"（Disney's Strategy），据说沃特·迪士尼（Walt Disney）制作电影时，在从创意到实现的不同阶段，会根据需要找来不同的成员参与讨论。

最初阶段适合与**梦想家（dreamer）**进行头脑风暴，围绕应该做什么，天马行空地构思创意。也就是"先从宏大的梦想出发"。

创意成形后，接下来要找**实干家（realist）**，讨论如何让创意成为现实，现在能做到哪些，即列举出能够实现的事项，制订详细计划。

最后，要把计划拿给**批评家（critic）**，咨询他们的看法。有哪些风险？会不会带来负面影响？在哪些方面可能遇到阻碍？用建设性的方式把负面因素筛选出来，决定先做什么，后做什么，完成实现创意的流程。

总之，**根据会议讨论的具体主题的不同，有时需要拥有远大抱负的人发挥才能，有时需要注重实践或具有批判视角的人贡献力量。**

◆ 集体智慧需要多样化思维模式

我的团队虽人数不多，不过也特意考虑了梦想家、实干家和批评家的均衡配置。

比如，有一次我们要讨论如何采用谷歌式 OKR（详见183 页）共享系统，这次团队会议就体现了三者之间的平衡。谷歌的 OKR 系统由每名员工登记自己的 OKR 目标，以便后续追踪进展状态。

采用这套系统的提议是我提出来的，我就是属于梦想家类型的人。给我做助理的女员工属于批评家类型，她总会提出各种谨慎的建议，如"说起来，这个想法本身会不会有问题？""太麻烦了！"等。

另一名年轻女员工是实干家，所以我会咨询她的意见："你觉得呢？这个系统麻烦吗？"她的回答更具有实操性："我觉得这么做很好。我们可以先试运行一段时间，如果确实太麻烦的话再换用其他系统。"

听她这么一说，原本持否定态度的助理也松了口："那就先试试看吧。"她并不是单纯为了反对而反对，而是会指出自己担心的问题所在，并为了实现我的想法而进一步提出建设性意见。

　　成员的多样化思维模式对于提高团队集体智慧来说非常重要。

◆ 用规则把不同个性组织起来

　　此外，**管理者的引导也会在建设性讨论中起到重要作用。**能否根据具体情况帮助每名成员充分发挥个性，就要看管理者引导大家的水平了。

　　比如，讨论时经常出现的一幕是，大家正在头脑风暴中构思创意时，批评家类型的成员突然开始泼冷水："这种办法根本行不通！"

　　为什么会有人做出这种不受大家欢迎的行为呢？我想恐怕是因为管理者的引导不够到位。如果管理者事先说清楚："本次讨论的目的是要集思广益"，就不会出现这种没有意义的反面意见了。

　　"从现在开始，大家都积极地出谋划策，然后咱们再选出最好的创意。所以请暂时不要提反对意见，先集中精力多想点好创意。"只要在讨论开始时像这样明确地宣布"规则",全体成员就会形成共识:"这样啊,现在不是提意见的时间,而是要想出更多的创意。"

可能即便如此,还是会有人质疑讨论的主题是否有意义等。遇到这种情况管理者该怎样处理?情绪化地制止只会适得其反。

"我知道了。如果你不赞成这么做,我们可以以后再找时间,请你说说你的看法。现在请先积极地思考创意。"只要像这样心平气和地提出要求就行了。然后可以改日再安排一次团队会议,专门讨论这位成员的意见,兑现当时的承诺。为了赢得成员的信赖,管理者也需要这样做。

➡ 千万别插手团队的日常工作

在自己管理的团队中，管理者自然要尽到管理者的职责，不过作为上一级管理团队中的一名成员，管理者还必须同时尽到成员的职责。也可以说，后者的工作才算是管理者自己的工作。

我在日本经常听到"参与型管理者（playing manager）"这个词。谷歌的绝大多数管理者也是参与型管理者，不过和日本的含义不同。他们不会像日本企业的管理者一样去参与团队的日常工作。

在谷歌，比如一名管理者手下有 5 名成员，他的同事其实是同样也拥有 5 名成员的另一个团队的管理者，也就是其他部门与自己级别相同的管理者。若干名管理者再组成一个团队，分别以成员的身份工作。

这种结构一直延续到顶层。也就是说，即使在看上去极为重视个人主义的谷歌，"孤狼"的工作方式也是行不通的。谷歌对孤狼型员工的评价非常低。

同一级别的管理者之间彼此协作，作为一个团队形成共识，一起完成业绩。管理者还需要在这个层面上制定自己的 OKR 目标和"20% 规则"（谷歌允许员工最多把 20% 的工作时间用于自己负责的工作之外的其他项目上）。

管理者的安全感取决于上一级团队的管理者。

◆ 谷歌式"参与型管理者"

我认为日本式的参与型管理者有很多问题。

在日本，参与型管理者与团队成员做同样的工作，同时管理整个团队。

绝大多数管理者都采用这种工作方式，所以在很多人眼里，管理者的工作注定就是要忙得不可开交。

谷歌的团队管理者也是参与型管理者，而且忙碌程度不亚于日本企业的管理者。不过**二者之间有一个本质区别，就是谷歌的团队管理者不会与团队成员做同样的工作**。我要再次强调，他们只参与同级别团队内的工作，比如组长做组长级别的工作，科长做科长级别的工作。

他们会在所属的管理者团队做会议记录，写策划书；但在自己负责管理的团队，则只做本书介绍的管理工作。

日本公司的管理者和谷歌的管理者同样都很忙碌，那么哪种方式效率更高、更有助于提升商务技能和职业生涯呢？

日本式参与型管理者与团队成员做的是同样的日常工作，我认为这种工作方式存在很大问题。

◆ 做一个"整合型管理者"

日本式参与型管理者的最大问题在于，他们的工作形态和思维很容易止步于现有的工作推进方式，无法提高效率。

任何团队任务归根结底都是要创造价值。正如前文多次强调的，管理者的职责就是要思考如何在更短的时间内、用更低的成本更好地实现团队所追求的价值。

新时代的管理者需要调动公司内外的一切资源，创造出最佳组合。

也就是说，**只有成为"整合型管理者"，推翻现有流程、大胆尝试外包业务或新型技术，才有可能大幅提高效率。**

日本式参与型管理者常会陷入思维停滞的状态："要完成这项工作，必须要有 5 名成员才能办到。"

整合型管理者则会换一种思维，时刻思考如何实现人才、技术和流程的最优组合，包括采用聘请咨询公司、招聘临时员工或尝试众包业务等方法。

日本式参与型管理者常见的误区就是认为如果团队有 5 个成员，就必须把 5 个人都用上。

然而仔细观察就会发现，他们的团队中有的人并没有创造任何价值。对于这样的成员来说，待在团队的时间是毫无意义的。与其如此，还不如把他调到其他团队，帮他找到能贡献力量的舞台。而管理者通过引进新技术等方式改进流程，说不定只要 3 个人就能完成工作。

缩小团队规模可以降低成本，从公司全局来看，成员的调动也可以促进人才的高效运用，有助于提高效率。

此外，通过业务外包或引进新技术，还能让一部分成员腾出时间，把精力投入到价值更高的工作中。

◆ 培养好下属才能挑战其他工作

供职谷歌期间，我是亚太地区人才培训部门的主管，要代表这个地区参与全球团队的工作，我的同事是欧洲或美国人才培训部门的主管。也就是说，我也是一名参与型管理者，在全球人才培训主管的团队中担任成员。

比如，当时我自己从事的是制定全球人才培养战略的工作。作为亚太地区的主管，我要和下属讨论并制定亚太区的战略，再和欧洲的主管、美国的主管一起协商，制定全球的战略。此外，我还要承担很多人才部署、工资及奖金分配等不能交办给下属的工作。

另一方面，我把亚太地区的绝大部分工作都交给下属去做。因为如果不这样的话，我就没有精力完成我在全球团队的工作，无法提高效率。而亚太地区的团队成员也通过我委派给他们的工作提升了自己的技能和职业经历。

反观日本的参与型管理者，只要他们还在和下属做同一级别的工作，恐怕整个公司的效率都无法提高，也无法培养出优秀的下属，即"下一代管理者"。

◆ 别把团队成员当助理

我多次提到工作中的团队很像运动团队。继续套用这个比喻的话，日本式参与型管理者就好比在足球比赛中与球员一起上场踢球的教练，按理来说，这种情况是不可能发生的。

教练的工作是比赛时在场外观察局势，给球员下达指令，训练时帮助球员提高球技。此外，他还要制定战术、维系球员之间的良好关系，带领球队赢得胜利。显然，球员和教练的工作完全不同。

也就是说，**团队管理者的职责不是承担基层工作**。

然而日本公司的管理者却常常把其他团队成员都当成自己的助理，然后由自己来完成基层的工作。

➜ 一成不变的团队能力弱

在谷歌，如果有人利用 20% 规则从事的实验性项目取得成功，升格为正式项目，就会常有其他团队来邀请他："要不要干脆加我们团队？"有时也会由此组成新的团队。

团队可以根据不同的创意或任务来增加和调换成员，或者干脆组建一个新团队。

这种现象反过来也说明，一成不变的团队能力都比较弱。实力雄厚的团队除了正式成员之外，还能吸引很多愿意利用 20% 规则参与进来的外援。

Pronoia Group 公司除了正式员工外，也有一些外部人士会以副业形式为我们提供帮助。还有一名外部人士主动向我申请："和彼先生共事可以提升我的品牌价值，所以希望您与我签订合同，让我每周为您工作若干小时，允许我使用贵公司的名片，我可以不要任何报酬。"

他愿意和我共事，为我工作，像这样的人，就算没有我的指示也会主动为团队出力。

虽然我的公司里没有这种情况，不过我知道确实有一些员工会觉得"不知道自己在团队里应该做什么"或者认为"不用管团队怎样，我只要完成自己的工作就可以了"。对这样的员工来说，愿意主动贡献力量的外部人士也会为他们带来良性的刺激。

管理者的职责是提高团队实力，因此必须认识到，在一成不变的团队里，成员的工作能力只会下降，不可能提高。

◆ 团队固化的负面影响

员工之所以希望加入某个团队，是被团队的过硬实力吸引，也可以说是口碑的作用。口碑不仅对个人和公司具有重要意义，对团队也很重要。

从维护口碑的角度来看，一成不变也会对团队带来负面影响。

假设有的成员不适应自己所在团队的氛围，却无法调到其他团队，那么他恐怕不会为这个团队感到自豪，工作上也会开始懈怠，可能最终只能辞职。这么一来，团队的氛围就会进一步恶化，影响到口碑，即使管理者想填补空缺也找不到愿意加入的人。

也就是说，固化会损害团队的口碑。只有建立起允许成员在团队之间流动的机制，才能避免这种恶性循环。

➡ "文化契合性" 不如 "文化扩展性"

以前有很多公司提倡**"文化契合性（culture fit）"**，即招聘时优先录用契合公司风格的人，我觉得这也是一种固化思维，最好摒弃。

更好的做法是打破各种限制的**"文化扩展性（culture add）"**，即聘用能给公司注入新鲜血液的人才。可以把公司看作一个社群，允许形形色色的人出于不同的原因、为了各自的目标加入进来。

要适应商业环境日新月异的新时代，就需要这种灵活性。

◆ 团队众包日趋重要

我的公司把与品牌相关的业务外包给一位外部人士来打理。这样一来，我们既无须承担昂贵的固定工资费用，又能运用各种外部资源在短时间内产出成果，完成很多重要的工作。

现在，越来越多的公司开始使用日本的"Crowd Works"、美国的"Upwork"等众包云平台服务。同时也有越来越多的高技能人才在积极地开拓"副业"，就像承接我们公司业务的这些人一样。

也就是说，今后团队在开展业务时，应该重视众包的重要性。

既然有很多业务也可以众包，管理者在考虑解决某项问题或开发某款商品时，就不必受现有团队固定成员的限制，完全可以召集外部的专业人士，结成最优组合。这样更有利于提升团队的口碑和实力。

顺便再向大家介绍一下我参与经营的 Motify 公司，虽然还只是一家小型的初创企业，不过我们的员工遍布世界各地，除了住在东京的员工，还有人住在巴西、越南和日本的三重县。员工的国籍也很多元，有巴西人、波兰人、越南人，当然还有日本人。

→ 开创先例，以身作则

想必还有很多公司尚未尝试过众包业务，希望大家在读过本书之后，能在这个方面开创先例。

"以身作则（Lead by example）"是领导力的重要一环，其实也是提倡管理者要敢于开创先例，率先做出榜样。管理者自己不踏出第一步，就不会有人跟上来助你一臂之力。

人们常用"第一只企鹅"来比喻勇于率先做出行动的人。领头的企鹅冒着风险跳入海里，群体里的其他成员才会接二连三地跳下去。这正是以身作则的效果。

不过据说事实并非如此，第一只企鹅也不是自愿跳进海里，而是被后面的企鹅推了一把，不得已掉下去的。这样来看，可能在后面助推的第二只企鹅才是"真正的领导者"。

苹果的两位创始人史蒂夫·乔布斯和史蒂夫·沃兹尼亚克之间的关系似乎与此有些相似。创业之初，沃兹尼亚克犹豫不决，在乔布斯的力邀下才下定决心。虽然从结果来看，乔布斯成了第一只企鹅，但他可能其实原本属于第二只企鹅类型的领导者。

不管怎么说，只要管理者时刻走在最前面，勇当第一只企鹅，就会陆续出现愿意与他一同工作、提供辅助的第二只、第三只企鹅。

◆ "团伙化"管理者的特征

不过必须注意，还有另一种"第一只企鹅"，他们运转团队不是为了公司，而是为了自己。我将这种管理者率领的团队称为"团伙"。

团伙管理者的特点是爱自夸、爱抱怨。比如，他们常常热衷于炫耀："我的团队可能干了。你瞧瞧别的团队，什么活儿都不干！"同时，他们在某种意义上还很关照成员，喜欢用"一起喝酒去！"等方式拉帮结伙。

还有一件事是团伙管理者经常做的，那就是挖走成员，自己创业。这种情况在外企很常见，我也目睹过不少，不过靠这种团伙的方式创业基本都会以失败告终。团伙管理者的工作能力无可挑剔，但他们经营公司的目的终究只是为了自己，所以会逐渐失去别人的信赖。

这种做法在日本尤其行不通。因为团伙管理者总是以自我为中心，不考虑对方的意愿，所有沟通都是为了强调和推行自己的主张，所以他们只想招揽对自己言听计从的部下。

在我看来，在沟通中尊重对方，也就是推崇利他主义，这是日本社会特有的优点。奉行利己主义的团伙管理者与这种社会氛围格格不入，所以很难在日本成功。

◆ 哪些组织是有"未来"的

图表 10 是我按照时间顺序对各种不同类型的组织整理出来的结果。团伙、强盗或海盗等犯罪组织一直存续至今，属于最原始的组织形态。这种组织处于没有法律，或者法律无力介入的混沌世界中，依靠人们对暴力的恐惧实行统治。掌握绝对权力的人身居最高位，强迫手下服从自己，从而维持组织运行，为自己谋利。

作为有了一些进步的组织，我列举了政府机关、学校等行政机构，也就是依照现有等级制度来管理的金字塔形组织。这些组织的职责是固定不变的，有法律明文规定，组织形态稳定，没有竞争。

大型企业也属于金字塔形组织，不过他们拥有各自的目标和战略，追求利益和创新。要与其他企业竞争，大型企业也必须承担相应的社会责任。

比上面这些更进一步的组织中包括硅谷的企业等。这些

新型组织不但要自己变强大，还要带动整个社会发展

新型组织
任务　热情　未来
社会贡献　　　　革命
硅谷企业
共同决策　业绩　　用户　全局意识
敬业　　　　利益相关者
大型企业
共同目的　业绩　　创新　企业文化
竞争　　　战略　重于战略
政府、行政组织及学校
目标　等级制度　　管理　责任
稳定　**团伙或盗贼**　职能
权力　统治
恐惧　命令
混沌　服从

图表 10　各类组织的特征

组织凭借共同的目的、价值观和敬业精神维持运转，与战略相比，更看重企业风气和文化。他们重视利益相关者，以用户为核心。

谷歌、爱彼迎和煤炉等公司都属于最新型的组织。他们拥有让社会变得更好的社会贡献目标或愿景，具有"未来性"或"革命性"特征，所以拥有创新热情的人都会自愿聚集到

这种组织。

数字化技术推动了知识民主化发展，世界日趋扁平化，每个人都将拥有越来越多的发言权。上述新型组织顺应了这个时代趋势。

今后，只有最新型组织才能获得员工的追随和越来越多的外部辅助。从这个角度来看，团伙管理者为了一己私利而操纵成员，无法提高效率，也不会获得持久的业绩。

➡ 在最先进的公司，他们是这样做的

脸谱网的事例有助于我们理解何为"重视个人意见的扁平世界"，可能很多年轻的商务人士都觉得在手机上刷脸谱网要比工作更有趣。

脸谱网为什么会拥有如此大的吸引力？或许因为这是一个扁平化社群，没有等级制度，而且十分开放，任何人都能随时看到谁在做什么。在这个世界里，你可以只浏览自己感兴趣的内容，也可以随时发表自己的意见。

图表 10 中属于最新型组织的企业也都具有与脸谱网相似特色。

如果企业或团队能打造出与脸谱网相类似的风格，就能吸引优秀人才加入，员工也会因为有趣而一直工作下去，实现飞跃性成长。

前一章介绍了员工体验的重要意义，脸谱网式团队能为成员提供各种极具魅力的体验。

前文提到的谷歌公司每周召开一次的"TGIF"交流会，

也相当于一种具有脸谱网风格的扁平化沟通。

在每周的 TGIF 交流会上，总裁会向全体员工讲解公司的任务或愿景等大方向，每个人都可以直接向总裁提问。这种机制有助于参与者彼此交换意见，加强公司内部的沟通。

此外，我在任时谷歌的东京分部还会公开全体员工的邮箱列表，任何人都能向全体成员发送通知。普通员工不用经过上司许可，就可以直接发送邮件，通知其他同事"我有一个 ×× 计划，希望得到大家协助"等。这些都可以说体现了类似脸谱网的风格。

顺便告诉大家，我参与经营的 Motify 公司就可以提供企业内部社交网络平台，协助企业推进扁平化沟通或构建扁平化社群。

➜ 团队成员之间是"玩伴"的关系

前文曾经多次提到"工作中的团队其实更像运动团队，而不是像一个家庭"，成员之间的关系也与"玩伴"有几分相似。

在家庭中，孩子还不能为全家贡献力量，完全需要父母照顾，有时还会做错事挨骂，但他仍旧是家庭的一员，父母要为他提供饭菜，还会给他零花钱。

玩伴就不一样了。孩子在外面和朋友玩耍时，如果不遵守大家友好相处的规则，就没有人会愿意跟他玩了。总是吵架的孩子，更是没法和大家一起玩耍。

也就是说，在和玩伴相处时，孩子会下意识地做出比在家里更具有建设性的言行。

面对家人，孩子可能会大哭大闹，踢东西或者搞恶作剧。但如果他如此任性地对待玩伴，就可能导致吵架，被玩伴孤立。所以孩子也会根据场合调整自己的行为，从索取的思维模式转变为付出的思维方式。

从这个角度来看，脸谱网式团队或许正是建立在付出的基础上的游乐场所。

➲ 用"减法"引导适当的结果和行为

虽然团队就像一个"游乐场所",不过管理者还是要履行职责,恰当地评价成员。

在评价成员时,比如销售部门自然会将是否完成销售目标视作一项重要的指标,不过同时,员工"采用何种方式销售""如何对待客户"等行为方面的表现也应该属于考核的对象。

员工在公司的行为自然也要包括在考核范围之内。假设有一名员工业绩十分突出,但他平时的言行却总是缺乏建设性,会给周围人带来负面影响,那么他恐怕就不会得到很高的评价。

谷歌在考核员工行为时采用的是从 100% 开始的减法。也就是说,公司对"进入公司的人"事先是有一定的期待值的,做不到的话评价就会下降,其实很简单。

当然,管理者需要把具体评价过程告诉成员:"你的业绩很出色,在团队里也表现得很好,按说应该得到评价 5,不过其他团队管理者反映你与他们长期争执，影响了他们的工作，所以只能给你评价 4。只有今后采取更具有建设性的态度，你才能得到评价 5。"

总之，管理者除了要对照 OKR（参见 183 页）给予反馈，还必须针对成员的行为表现做出反馈。反馈做得好不好也会关系到管理者自身得到的评价。

我要强调的是，反馈不是只要告诉成员"你的情况是这样的"就可以了，还应该引导他做出适当的行为，否则毫无意义。也就是说，反馈和教练是一体的。

◆ 公正评价团队业绩

管理者除了考核成员个人的工作，还必须评价整个团队的工作。面对一项业绩，管理者要公正地判断这是某位成员的个人成绩，还是整个团队的成绩。

比如，在销售团队中，面向个人客户进行电话推销的业绩很大程度上取决于销售人员的个人努力。另一方面，负责长期企业客户的大客户经理等销售人员则往往需要与其他成员一起合作来推进大项目的工作。

还有一些负责产品的专业人员，他们制作宣传资料，指导销售人员如何演示，但不会一同去拜访客户。他们的这些工作最终也会反映到销售额上。

　　也就是说，管理者应该掌握每一名成员的工作内容和彼此分工，计算出个人产出和团队产出的比例，公正评价个人和团队的业绩。

第 6 章

打造 10 人以下高效小团队的

深层机制

➡ "照搬照抄"没有意义

常有人向我咨询"如何采用像谷歌一样的人事制度"。我认为这种想法很荒唐，其他公司的做法再好，原封不动地照搬到自己的公司也不可能成功。

人事制度等维系着公司和组织的运转，必须根据自己公司的使命、愿景和商业模式倒推，才能构建起来。

假设要开一家咖啡馆，我们首先会考虑"这家咖啡馆要靠提供哪些价值来创造收入？"等大框架，没有这一步，一切都无从谈起。

假设我们决定要"为顾客提供一个愉快沟通的环境"，接下来便可以由此出发，具体考虑采用何种风格的装修、播放哪些类型的音乐、员工穿什么样的制服、采用怎样的态度和用语来待客等。

公司的人事制度也是如此。聘用什么样的人、如何培养人才、如何考核业绩、采用哪些工具……需要根据员工之间的关系、公司创造的价值来决定，每家公司的最优解都不同。

◆ 这件事比制定员工手册更重要

我顺便谈一谈公司的规章制度。一些负责人希望拿到现成的模板，但我认为没有这个必要。

与其把一本像教科书一样面面俱到的手册交给员工，要求大家遵守上面的规定，还不如通过日常的言行和价值观方面的沟通，让大家理解"绝对不允许性骚扰""绝不能浪费"等，否则规则没有任何意义。

性骚扰的问题是无法通过让员工接受培训的方式解决的。"尊重他人"是无论男性还是女性都必须恪守的最基本行为准则，而不是听听讲座就可以。在制定员工手册之前，管理者要在发现问题的苗头时当即指出"不能这么做""别讲黄段子"等，督促员工马上改正。

还有一些负责人喜欢盲目地引进新系统，道理其实也与此类似。

先进的会计软件固然好，但如果必须要先录入大量烦琐的信息才能使用的话，那么还不如直接把单据交给财务部。如果直接交单据的效率更高，就没必要特意引进操作复杂的会计软件系统。

需要补充的是，我并非主张"不要构建任何机制"。恰恰相反，越是优秀的企业，往往越会拥有高效的机制，即自动化与模式化的程度越高。

也就是说，我希望大家在阅读本章时参考谷歌的做法，积极探索最适合自己团队的机制。

➡ "自动化和模式化"也能增强安全感

谷歌很喜欢自动化和模式化，除了通过各种技术实现日常作业的自动化，在员工管理方面也有很多模式化的内容。

前面几章介绍的每周召开 TGIF 交流会、制定季度 OKR 以及一对一面谈等都有简便易行的机制，任何人都能毫不费力地掌握和应用，这就是"自动化和模式化"。

比如，员工上传 OKR 已经完全实现了系统化，团队在"谷歌文档（Google Docs）"上共享 OKR，可供成员随时查看。每一名员工都能了解到自己目前所做的工作或其他某项工作的进展情况等信息，成员之间就不会彼此猜忌，也不会有人怀疑别人偷懒了。

从这个意义上来看，自动化和模式化有助于提高团队安全感。

此外，对于一些未能达到预期效果的机制，谷歌也会迅速采取调整措施。假如财务部门反映会计软件使用起来过于烦琐，相关部门就会立即查找原因，改进操作流程或系统设计。新机制试行一个月左右，如果效果不理想，就换用其他机制，这种情况在所有部门都很常见。

◆ 制定团队机制的前提

那么，团队的工作流程和基础操作要怎样实现自动化和模式化呢？我们再来梳理一下管理者的职责，这是制定团队机制的前提。

① 营造安心的环境氛围
② 制定团队目标
③ 考核绩效
④ 培养人才
⑤ 代表团队行动

①是维护成员的安全感，这是团队最重要的根基。②是落实公司的使命和目标，管理者需要作为核心，与成员一起决定。

关于③，我要说明的是，这里所说的考核不是"给成员打分"，而是管理者必须把自己的评价定期反馈给成员，否则没有意义。考核的目的是帮助成员了解自己的工作是否有助于实现目标或 OKR，是为了促进成员取得更好的业绩。

关于④，前文反复介绍了教练的重要性。⑤意味着团队的业绩就代表了管理者自己所能获得的评价。

根据这 5 项职责去思考团队需要哪些机制，这样才能有的放矢。

当然，销售、工程师、财务等不同岗位需要的机制各不相同。同样是工程师团队，负责创新的团队和负责运维安全的团队所需的机制也会有所不同。

比如，对财务团队来说，最重要的是不能出错和符合规则，所以他们需要安静的、能专注于工作的环境。而工程师团队既有每个人分头专注工作的时候，也有大家一起讨论的需求，所以需要多功能的工作环境。

毋庸置疑，**对任何团队来说，制定机制的目的都是维护成员的安全感，确保取得优异业绩，这一点是共通的。**

比如，谷歌的工程师团队会采用"尽早失败机制"，即要求尽快编出程序，即使失败了也可以供大家一起吸取经验教训，再进行新的尝试。

也就是说，他们要在将产品交付给用户之前发现问题，并且坚信失败是创造更好成果的必经之路，而不会危及成员的安全感。

➜ 追求完美不如先去尝试

确定团队目标后，该如何实现它呢？这最考验管理者和成员的能力。当然，大家都希望尽可能用最少成本，创造出最具影响力的成果，所有机制都要为这个目的服务。

说到低成本，谷歌有一个内部用语叫"东拼西凑"（Be scrappy）。

"scrappy"源于"scrap"一词，意思是"废料，剩余物"。这句话的含义是，不必追求完美，可以先用最便宜的材料或现有的零散资源做出来看一看。这样可以提高性价比，加快试错的速度。

谷歌工程师团队的尽早失败机制也可以说是"Be scrappy"的一种体现吧。

◆ 及早实践，及早反思

总之要先付诸行动，之后再按照第 4 章介绍的方法反思。

我的公司每个月会抽出一天时间，召集所有员工一起就人才、技术、流程的最优化，也包括自动化和模式化方面的问题，反思目前的工作是否有意义？没有意义的话，应该改为做什么？

从"是否向客户提供了承诺的价值"到"分工是否合理"，"得到了哪些经验，有什么感悟"或者"可以构建何种机制"等，各种话题我们都会讨论。

谷歌每三个月举行一次类似的反思会。各区域负责人（我也是其中一员）会聚到一起，进行深入交流。

当然，反思并不非得定期开会，将其融入"每一个瞬间"的工作，效果可能更好。

管理者要观察成员有没有为团队取得应有的业绩。没有的话，应该在日常工作的哪些方面做出改进？也可能问题不在于流程，而是管理者自身的言行阻碍了团队取得更多成果。

为了实现人才、技术、流程最优化，管理者需要时常反思，不断改进。

➡ 机制源自清晰的目标

团队管理者有一项重要职责，即通过机制来规定成员的行为。也就是说，**管理者必须判断团队的目标是什么，以及成员要怎样工作才能实现目标。**

遗憾的是，我感觉很多日本企业的管理者都是在没有清晰目标的情况下，就贸然决定采用某种机制，充其量也就是下发一些员工手册而已。

这种做法无法确保成员的工作效率。只有先明确目标，再在人才、技术和流程方面构建相应机制，才能取得卓越成果。

◆ 从了解公司的商业模式开始

那么，为什么日本企业的团队管理者制定不出明确的目标呢？恐怕因为他们不清楚自己的团队到底需要创造什么价值，也就无法针对价值去主动思考或行动。

也就是说，**在讨论工作机制之前，管理者必须先纠正思**

维模式的问题。

然而有人却以为只要照抄别人的机制就能成功、效率就会提高。

很多人事负责人会问我："其他公司是怎么做的？"

我不清楚他们得到这个问题的答案有什么意义。如果用汽车生产商打比方，这就好比铃木效仿保时捷，意义何在呢？主打赛车的保时捷和主打轻型汽车的铃木，拥有不同的品牌形象，客户需求也不一样。

这不是机制的问题，而是思维框架的问题。**管理者们不了解自己公司所创造的价值，即公司的商业模式，就说不出自己需要怎样的机制。**

➡ 让每名成员自主设定"OKR"目标

要取得更多业绩必须发挥出所有成员的最佳能力，要求每名成员自主设定"OKR（目标与关键成果）"目标的机制能为此发挥重要作用。

◆ 好的 OKR 具备哪些特点

制定 OKR 有以下 5 个关键：

- **将整体战略目标和可测量的具体目标融合在一起**
- **拥有野心**……完成度 70% 的 OKR 最用心，完成度 100% 的 OKR 太敷衍
- **全员实践**……所有员工都要执行 OKR，并通过面谈定期反思
- **OKR ≠ 考核**……不把 OKR 的得分作为"直接评价"，员工才能坦诚地反思自己的工作情况（不过，也可以通过一些方法用 OKR 为考核提供参考，参见下页④）

・**OKR 应该聚焦最重要的目标**⋯⋯不必覆盖所有工作，关注关键领域即可

此外，OKR 还必须遵循 "SMART" 原则。SMART 框架是制定目标的要点，具体含义如下：

・S（Specific，**具体**）⋯⋯所有人都能看懂要做什么
・M（Measurable，**可测量**）⋯⋯可转化为数值，可量化
・A（Attainable，**可达成**）⋯⋯设定可以通过努力达成的目标（难度不能过小或过大）
・R（Relevant，**相关性**）⋯⋯与组织及团队的目标相关
・T（Time-bound，**期限**）⋯⋯设定期限，限期完成

此外，采用 OKR 机制时还应注意以下几点：

① 每季度初由经营层制定公司 OKR，员工 OKR 需要与其方向一致
② OKR 保持公开状态，任何人都可以随时查看
③ 通过定期一对一面谈回顾执行情况，养成习惯
④ 可以根据目的需要，与考核制度结合起来（例如注重业绩可以把完成得分反映到考核中，注重态度可以把工作态

度转化为数值后加入考核等）

⑤ 组织整体提供支持，培养参与其他员工 OKR 的环境氛围

通常来讲，在考虑自上而下制定的"KPI"（关键绩效指标，比如销售的 KPI 可以是目标销售额或客户访问次数等）的同时，OKR 由员工自主决定，并以在工作过程中的反思和调整为前提。

我任职谷歌期间，会利用每周的一对一面谈时间和成员讨论各项 OKR 的进展情况，如果发现某项 OKR 没有意义，就会建议他们立刻放弃。

OKR 必须与高层经营者制定的宏观目标紧密相关，所以虽然是由员工自主设定的，但也不能脱离整体的框架。

"对于我们这样一个公司，你能做出哪些贡献？"

OKR 就是员工面对经营高层提出的这个问题的回答。当然，除了员工个人层面，团队层面、部门层面也需要做出相应的回答。

也就是说，管理者还有一项重要职责，即随时确认员工目前的工作是否符合公司的使命、愿景和商业模式，是否真的有意义。

◆ 如何制定高效 OKR

在我看来，日本的很多大企业在采用 OKR 机制制定目标时都背离了初衷。

比如，财务部制定 OKR 时，是不是认为"我们是财务团队，每天只能坐在工位上制作费用报表"，所以就把日常的工作流程或基本操作设成了目标呢？

制定 OKR 并不是为了维护现有流程。按理说财务团队制定目标的过程应该是下面这样的：

"费用报表太费事了，咱们应该把手动制作改成用系统录入和整理。"

"这个主意不错。那就把思考怎样才能去除费用报表制作的工作作为这个季度的 OKR 吧。"

也就是说，**OKR 是从实现公司利润的整体目标出发，倒推出来的。**

去除自己团队的某些工作等于减少了业务成本，可以增加整体利润，这个目标可以说是符合设定 OKR 的初衷的。

把流程或基本操作当作目标，不可能实现效率的飞跃性提高。

谷歌有一种"10×"文化，鼓励员工思考"怎样把业绩扩大 10 倍",所以他们一般不会把 OKR 设定为只在很小范围内提高流程或基本操作的效率。

比如除了季度销售目标,销售团队的 OKR 还会加入获取新客户、内部人事项目等附加内容。

对销售团队来说,10× 就是必须要创造出新的价值。如果只是简单地把销售额设为 OKR,销售团队恐怕很难提高效率。

➡ 共享每个人的工作完成情况

通过第 5 章介绍的一对一面谈，管理者可以掌握成员各自的工作进度（目标和流程），为了进一步提高效率，还可以在团队内共享每个人的工作情况。

也就是说，团队需要通过共享机制让全体成员了解大家都做了哪些工作。

谷歌有多种共享工作完成情况的工具和机制。

"简报（snippets）"就是其中之一。在每周五下班前，员工要将本周完成的工作和下周的计划用简报的形式上传到团队管理者的文件夹里。管理者附上整个团队的简报，上传至上司的文件夹，上司再向更高一级的上司上传。最终由最高层管理者的秘书整理出全公司的周报，共享给全球各地的所有员工。

大家看简报都非常仔细。**这个机会可以向全球展示团队和自己所做的工作，自然也具有提高员工积极性的效果。**

◆ 促进建设性竞争

简报还能促进建设性竞争。员工都很关注其他团队的工作表现。

例如可能有人会想："亚太区团队正在推进的这个项目看起来很了不起。我们只做了这些工作，看来下周要全体成员一起加把劲了。"这样一来，团队之间自然也会萌生出积极的竞争意识。

所以全球各地的团队之间也经常会有类似以下情况的交流："刚才在简报上看到你们正在做一个很有趣的项目，我想利用 20% 规则帮忙，你能再详细介绍一下具体情况吗？"**简报可以为员工提供一个互通有无的平台，表现出众的团队自然会吸引到更多追随者。**

◆ 以团队为单位进行考核

氧气计划在谷歌催生了以团队为单位进行考核的"文化"。简报机制也随之产生，如果团队中有人消极怠工，其他成员会马上提出反馈，并上报给管理者。可能在很多人的印象中，谷歌是高度推崇个人主义和放任主义的，但其实谷歌也很集体主义。

此外，谷歌员工会在积极意义上把生活与工作融合在一起，因此他们尤为需要依靠安全感去彼此坦诚交流，分享能为自己带来成就感的工作内容，并渴望与他人合作。

顺便告诉大家，爱搞办公室政治的人在谷歌非常不受欢迎。比如，在简报里夸大自己的工作，或者贬低他人的工作等，这种人就算想用 20% 规则参与其他项目，也不会获得同意。我觉得入职没多久就离开的人中可能有不少都属于这种爱搞办公室政治的人。

◆ 用"同事奖金"表达谢意

谷歌的**"同事奖金机制"**给我留下了深刻的印象。

员工可以通过这种机制给同事发奖金，每个人约有 1.5 万日元的裁决权，想给某个同事发奖金时，随时都可以把对方姓名和理由输入系统。发放奖金原则上需要管理者批准，不过一般 3 天之后系统就会自动把钱发放给相应员工。

比如，你可以把这笔奖金发给一位曾经在你遇到困难时，专门抽出一整天来帮忙的同事。如果这位同事帮你赢得了客户的认可，或者降低了项目的风险，那么他应该完全有资格获得 1.5 万日元。

当然，为了防止有人总是把奖金发给同一个人，每年允许支付的次数和人数会有一定限制。

管理者批准这道流程也是有意义的。管理者看到申请同事奖金的邮件，就可以向这名成员表示赞扬，感谢他的付出。成员都希望自己的努力能得到管理者的认可。

毋庸置疑，这种机制也能起到增强成员安全感的作用。

据说煤炉也引入了同事奖金机制。

◆ 用项目考核代替个人考核

"二人组机制"可以直接鼓励员工以团队为单位推进工作，我个人也觉得非常值得尝试。这属于合弄制（holacracy）管理模式之一，旨在构建扁平化组织管理体系，要求一个项目必须由两名员工负责，以项目为单位进行考核，而不再考核个人。在这种情况下，OKR 必须由两个人共同思考，得出双方都认可的结论，然后两个人一起向着同一个目标努力。

我经营的 Pronoia Group 公司也采用了二人组机制。员工可以在遇到困难时相互探讨，谁都不会偷懒，创意的质量也提高了不少。

→ "汇报、通知和讨论" 不嫌多

进入谷歌后，人们对过度沟通的重视程度让我非常吃惊。

沟通不足（under communication）指缺乏"汇报、通知和讨论"的状态，而过度沟通（over communication）则指"汇报、通知和讨论"过于频繁的状态。

谷歌的管理者每天都会收到海量邮件，有成员的个人简报、产品更新信息、同事奖金申请……所有工作都采用信息共享机制。

邮件数量之多，相信谁看到都会吓一跳。起初我面对这么多邮件也很犯愁："这些全都需要我来处理吗？！"

当然不是。**管理者需要独立判断，自己是否需要这些信息，是否要主动采取行动。**

也就是说，人们共享信息并不是为了委派工作，大多数邮件都属于通知类型的，即"有这么一项工作，请根据需要采取相应的行动"。

◆ 管理者应为团队的"传道者"

话说回来，谷歌为什么要采用这种过度沟通机制呢？

在谷歌，由于大家都会积极汇报自己做了哪些工作，如果有人从不汇报工作就会很容易被遗忘，所以大家在这方面都很积极。

团队管理者当然也需要过度沟通。如果不及时与其他人共享信息，如"我们团队本周做了这些工作""我们今天遇到了一个很好的事例""小 A 为某项工作做出了重要贡献"等，就可能被误认为什么工作都没做。

在谷歌，做不好这项工作的管理者得到的评价一般都会非常低。我在适应之前，也经常因为忘记提交团队简报而被上司批评。

总的来说，管理者必须成为团队的"传道者"，这是谷歌的企业文化之一。

至于为什么会形成这种文化，我想是因为这关系到个人和团队的口碑。

难得工作上取得了了不起的业绩，不共享给其他人，就有可能会被埋没。如果将信息分享出来，还有可能吸引更多人利用 20% 规则提供帮助，创造出更具影响力的成果。

因为这些工作是以管理者或管理者带领的团队为核心推进的，自然会与口碑直接挂钩。所以大家都会很积极地展示自己和团队的工作业绩。

反过来，如果管理者总是只分享那些有损口碑的信息，就很难取得卓越的成果，评价下降也是在所难免的。

顺便告诉大家，20% 规则还可以起到培训的作用，能为员工提供更多机会，帮助他们在不同环境中提升实力，学会应对新的工作。

谷歌的员工经常调岗。由于改组频繁，工作内容也很容易发生变化，员工常常会面临要不要去下一个团队、从事另一种工作的抉择。当然，最终的决定必须由员工自己来做。

20% 规则的作用之一就是能够帮助员工在面临类似抉择时拓宽选择面。

◆ 成员的成果决定了管理者的业绩

显然，如果工作中没有取得重要成果，就算想汇报也没有可汇报的内容。

管理者的职责不是自己做出业绩，而是要做出各种判断，最大限度地提高团队成员的业绩。

因此在谷歌任职期间，我对自己团队成员的要求是"不要自己什么都没做就来问我应该怎么办"。

我管理者请求工作的成员自己必须先有一个初步的意见，比如"我想了三个选项，请问您觉得哪个最好""我做了一份资料，请您过目。重点部分在这里"等，否则管理者既无从判断，也无法对外分享有助于提升成员或团队口碑的信息。

可以说，这种沟通规则也是团队必备的机制之一。

➡ 在与其他团队的接触中寻找"意外发现"

谷歌还有一个"**巧遇机制**"（Serendipity，偶然间的发现），也给我留下了深刻印象。

谷歌的企业文化可以简单地概括为"主动去干了不起的事"。大家总是在思考和探索"什么是了不起的事？哪里能找到了不起的事？"。

因此他们非常重视巧遇机制，也就是尽可能多地和跨领域、跨职能的人接触。因为如果只和自己所在领域的纵向范围或与自己同级别的人来往的话，找到"意外收获、了不起的事"的可能性几乎为零。

从这个角度来看，在每周五的"TGIF"全体交流会上，员工可以直接向社长提问，因此也属于提供巧遇机会的一个平台。

此外，谷歌还采用了有助于增加员工之间形成巧遇的办公室格局。比如，每个团队都可以按照自己的喜好调整工位的摆放方式。

希望面对面工作的可以对着摆，需要各自专注工作的就朝外摆成放射线状，可以设置一块站着工作的区域，或者打造独自工作的单间，还可以在房间正中央摆放办公桌供大家开展头脑风暴。每个团队的办公室格局都能体现出自己的特色。

在这里，有多少个团队，就有多少个社群。光是观察其他团队，就有可能收获"意外的惊喜"。

楼层的中央是一个微型厨房，备有点心和饮料，员工需要时可以到那里自取。不过最有意思的是，进出厨房只有一条十分狭窄的通道。

为什么要这样设计？其实是为了让员工们在擦肩而过时更容易碰到彼此。碰到一个人，就有可能产生"意想不到的交流"。这个偶然的邂逅或许会成为发现"了不起的事"的契机。当然，如果能碰撞出爱情的火花，那也是一件了不起的事。

微型厨房的狭窄通道非常形象地体现了谷歌的巧遇文化。

➡ 管理者的工作就是减少自己的工作

为什么要在人才、技术、流程方面构建各种机制呢？简单来说，是为了管理者不在现场时，工作也能照常运转。也就是为了帮助管理者减少自己手上的工作，腾出精力去考虑其他问题。

从这个角度来看，日本式的参与型管理者也应该大胆地把工作交给下属，然后花一些心思去参加更高一个级别的工作。

如果你觉得自己的工作"很烦琐""没意思"，那就更应该这样做。**把工作交给别人做，可能要比自己做更有建设性，然后自己可以转而参与其他岗位的工作。**

◆ 到公司之外开拓战场

遗憾的是，很多公司恐怕暂时还实现不了这种工作方式。毕竟仍有很多公司尚未做到真正的"组织开发"（前面介绍的"旧精英"的事例足以说明这个问题）。

即便如此，我还是希望管理者能够代表团队和上司们抗争，逐步实现这样的工作方式。

前文曾提到"经营决策的核心是影响力与成长"。如果上司把这两项放在首位，那么只要你能充满自信地说清楚自己想打造怎样的团队、想采用何种工作方式，就一定能得到他们的认同。如果你经过无数次争取，依然改变不了上司的判断，那么只要离开这家公司就是了。

千万不要畏惧。在如今这个世界上，随便哪里都能找到发挥自己能力和潜力的舞台。

我在波兰的一个小村庄出生、长大，连我都能做到的事情，各位职场人士没有理由做不到。

后　记
反思你的工作方式

我在日本工作至今已有 18 个年头。作为一个外国人，我个人觉得很多日本企业都有一个最有意思的地方，就是最重要的事项总是在下班后的喝酒闲聊中决定的。此外，人们有时还会在喝酒闲聊中讨论自己在工作中的烦恼和今后的职业规划等根本性问题，或者干脆把它变成吐槽减压的场所。

这种文化在其他国家似乎并不多见（当然这只是根据我个人的经历得出的结论）。在很多国家人们都是到了下班时间或完成工作就会回家，何况如果是开车上下班的话，也不方便"顺路喝一杯"。

同时，很多外资企业对管理者和下属的面谈都有详细的规定。比如，每周必须针对当前的工作进行一次讨论，必须每过几个月就安排一次教练，探讨下属的职业规划等。

第 5 章介绍的谷歌的 TGIF 交流会是每周五下午在谷歌总部举行的全体员工大会，会场备有酒水和食物，参加者可以就各种话题开诚布公地交流，也可以针对社长或高层领导的演讲直率地提问。

此外，谷歌还有向高管提问的机制，以及在工作之余增进员工关系的社团活动等很多平台。最近日本企业也开始越来越重视这些方面，如瑞可利集团常务执行董事北村吉弘就曾提倡"Stay young（保持年轻的心态）"，据说现在也在尽力丰富员工的社团活动。

这些平台不仅能改善公司风气，还能显著提高效率，因为它们都有助于增强本书介绍的安全感。

由于成本、合规方面的问题以及个人意识的改变，据说日本的一些传统交际文化衰退了很多。但很多企业不像外企一样拥有完善的反馈机制，所以上司和下属之间的距离会更为微妙。我认为这也是导致整个公司决策缓慢和效率低下的原因之一。

谷歌、苹果、亚马逊拥有截然不同的企业文化、工作方式和战略目标，所以他们的做法各不相同。我造访过很多家日本企业，也看到了很多让我感到敬佩和新奇的地方。但也有一些企业要么没有意识到自己的优势，要么没有足够的自信，让我觉得非常可惜。

"员工运动会"之类未必是最好的答案，不过我建议日本企业最好重新审视一下自己特有的好方法。如果哪些方法能增强团队凝聚力，那就值得把它们重新推广起来。

如果你读过本书对相关内容很感兴趣，可以关注我的社交账号、个人主页（www.piotrgrzywacz.com）或者我经营的 Motify 公司官网上更新的博客或播客（www.motify.work/batteries/）。接下来，我还计划写一本叫作《硅谷式新人如何积累经验》的书。

让我们携起手来，一起改变自己所在的企业，改变这个世界吧。

最后，感谢本书日文版的编辑喜多丰先生和高桥和彦先生。在他们的倾力协助下，本书才得以问世。

此外，我还要在此向青木千惠女士、池原真佐子女士、坂本爱女士、世罗侑未女士、鹤田英司先生、殿冈弘江女士、平原依文女士、星野珠枝女士、细见纯子女士、丸山咲女士表示感谢。

彼得·费利克斯·格日瓦奇

图书在版编目（CIP）数据

如何管理10人以下小团队：谷歌核心团队实现10倍
速成长的高绩效秘诀 / (波) 彼得·费利克斯·格日瓦奇著；
程雨枫译. — 广州：广东旅游出版社，2021.10（2024.4重印）
　ISBN 978-7-5570-2545-8

　Ⅰ. ①如… Ⅱ. ①彼… ②程… Ⅲ. ①企业管理—组
织管理学 Ⅳ. ①F272.9

中国版本图书馆CIP数据核字(2021)第166665号

SEKAI SAIKOU NO TEAM — GOOGLE-RYU "SAISHOU NO NINZUU" DE
"SAIDAI NO SEIKA" WOUMIDASU HOUHOU
by Piotr Feliks Grzywacz
Copyright © 2018 Piotr Feliks Grzywacz
All rights reserved.
Original Japanese edition published by Asahi Shimbun Publications Inc., Japan
Chinese translation rights in simple characters arranged with Asahi Shimbun
Publications Inc., Japan through Bardon-Chinese Media Agency, Taipei.

图字：19-2021-172号

出　版　人：刘志松
选题策划：后浪出版公司
责任编辑：方银萍
出版统筹：吴兴元
装帧设计：墨白空间·曾艺豪
特约编辑：郎旭冉
责任校对：李瑞苑
营销推广：ONEBOOK
责任技编：冼志良

如何管理10人以下小团队
RUHE GUANLI SHIREN YIXIA XIAOTUANDUI

广东旅游出版社出版发行
（广州市荔湾区沙面北街71号首、二层）
邮编：510130
电话：020-87347732（总编室）020-87348887（销售热线）
投稿邮箱：2026542779@qq.com
印刷：天津中印联印务有限公司
地址：天津宝坻区天宝工业园区宝旺道2号
开本：889毫米×1194毫米　　32开
字数：105千字
印张：6.75
版次：2021年10月第1版
印次：2024年4月第4次印刷
定价：42.00元